A SAGRADA ESCRITURA

Coleção Escola da Fé
II

PROF. FELIPE AQUINO

A SAGRADA ESCRITURA

Coleção Escola da Fé
II

14ª Edição

editora
CLÉOFAS

Aquino, Felipe Rinaldo Queiroz de, 1949 -
   Coleção Escola da Fé - Volume II - A Sagrada Escritura / Felipe Rinaldo Queiroz de Aquino - 14ª ed. - Lorena: Cléofas, 2025.

168 páginas

ISBN 978-85-88158-71-9

Ano 1ª edição: 2000 / Ano 14ª edição: 2025

©2025 - EDITORA CLÉOFAS - Todos os direitos reservados
Caixa Postal 100 - Lorena - SP
CEP 12600-970
Tel/Fax: (12) 3152-6566
www.cleofas.com.br

Dom Benedito Beni dos Santos
BISPO DE LORENA

IMPRIMATUR

ESCOLA DA FÉ II - A SAGRADA ESCRITURA
AUTOR: PROFESSOR FELIPE AQUINO

Lorena, 03 de novembro de 2010.

+ Benedito Beni dos Santos

+ Dom Benedito Beni dos Santos
Bispo de Lorena

Sumário

Siglas usadas neste livro   9

Por quê uma Escola da Fé?   11

A Sagrada Escritura   16

Como ler a Bíblia   21

A Escrita Bíblica   24

Gêneros literários   26

Os sentidos da escritura   28

Como a Bíblia foi escrita   33

A autenticidade dos evangelhos   41

Os Livros Apócrifos   50

A história do povo judeu   54

Livros do Antigo Testamento
e tempos a que se referem   64

Resumo dos livros do Antigo Testamento   74

Resumo dos livros do Novo Testamento   127

Os Manuscritos de Qumran   149

Bibliografia   164

Siglas usadas neste livro

a.C. - antes de Cristo; d.C. - depois de Cristo
AA - *Apostolicam Actuositatem* (Concílio Vaticano II)
AG - *Ad Gentes* (Concílio Vaticano II)
CIC - Catecismo da Igreja Católica
CDF - Congregação da Doutrina da Fé
CDC - Código de Direito Canônico
CPD - Credo do Povo de Deus - Papa Paulo VI
CL - *Christifidelis Laici* - Papa João Paulo II
CR - Catecismo Romano
CT - *Catechesi Tradendae* - João Paulo II
DH - *Dignitates Humanae* (Concílio Vaticano II)
DM - *Dives in Misericordia* - Papa João Paulo II
DI - *Doctrina Indulgentiarum* - Papa Paulo VI
DeV - *Dominum et Vivificantem* - Papa João Paulo II
DS - Denzinger-Schönmetzer
DV - *Dei Verbum* (Concílio Vaticano II)
EN - *Evangelii Nuntiandi* - Papa Paulo VI
ES - *Ecclesiam Suam* - Papa Paulo VI
FC - *Familiaris Consortio* - Papa João Paulo II
FD - *Fidei Depositum* - Papa João Paulo II
GE - *Gravissimum Educationis* - (Concílio Vaticano II)
GS - *Gaudium et Spes* (Concílio Vaticano II)

LG - *Lumen Gentium* (Concílio Vaticano II)
LR - *L'Osservatore Romano* - Jornal oficioso do Vaticano
MCC - *Mystici Corporis Christi* - Papa Pio XII
MD - *Mulieris Dignitatem* - Papa João Paulo II
MF - *Misterium Fidei*
MR - *Missal Romano*
NA - *Nostra Aetate* - (Concílio Vaticano II)
PR - Pergunte e Responderemos - Revista mensal - D. Estêvão Bettencourt
RM - *Redemptoris Missio* - Papa João Paulo II
RH - *Redemptor Hominis* - Papa João Paulo II
SC - *Sacrossantum Concilium* (Concílio Vaticano II)
UR - *Unitatis Redintegratio* (Concílio Vaticano II)
UUS - *Ut Unum Sint* - Papa João Paulo II
VS - *Veritatis Splendor* - Papa João Paulo II

Por quê uma Escola da Fé?

O objetivo da Escola da Fé é esclarecer e fortalecer a fé do povo de Deus, católico, que muitas vezes desconhece ou tem dúvidas sobre os pontos mais importantes da fé.

Não é preciso ressaltar a importância de nós católicos conhecermos a doutrina garantida e ensinada pela Santa Mãe Igreja, como disse o Papa Paulo VI, "administradora da Redenção", e tão bem apresentada pelo seu sagrado Magistério dirigido pelo Papa.

Na Encíclica *Cathechesi Tradende* (n.6), o Papa João Paulo II fala da importância da fidelidade ao ensinamento da Igreja:

"O Cristocentrismo na catequese, entretanto, significa também que, mediante ela se deseja transmitir, não cada um a sua própria doutrina ou então a de um mestre qualquer, mas os ensinamentos de Jesus Cristo, a verdade que Ele comunica ou, mais precisamente, a Verdade que Ele é (Jo 14,6). A preocupação constante de todo catequista, seja qual for o nível de suas responsabilidades na Igreja, deve ser a de fazer passar, através de seu ensino e do seu modo de comportar-se, a doutrina e a vida de Jesus Cristo. Assim se há de procurar que não se detenha em si mesmo, nas suas opiniões e atitudes pessoais e a atenção e a adesão da inteligência e do coração daqueles que ele catequiza; e sobretudo ele não há de procurar inculcar as suas opiniões e as suas opções pessoais, como se elas exprimissem a doutrina e as lições de vida de Jesus Cristo. Todos os catequistas deveriam aplicar a si próprios a misteriosa palavra de Jesus: "A minha doutrina não é tão minha como Daquele que me enviou". (Jo 17,16; 3,34; 8,28; 12,49s; 14,24; 17,8.14).

Esta será sempre a nossa preocupação: não apresentar aos fiéis a "nossa" doutrina, mas a da "Igreja", "Mestra da Verdade" (DH,14).

O Concílio Vaticano II, através da *Apostolicam Actuositatem* (n.6), fez uma apelo a todos os leigos para defenderem a fé:

"Grassando na nossa época gravíssimos erros que ameaçam inverter profundamente a religião, este Concílio exorta de coração todos os leigos que assumam mais conscientemente suas responsabilidades nas defesas dos princípios cristãos." (AE, 6)

E na *Dignitatis Humanae* reafirma isto dizendo:

"Na formação de suas consciências, os cristãos hão de ater-se porém, à doutrina santa e certa da Igreja. Pois, por vontade de Cristo, a Igreja Católica é mestra da Verdade e assume a tarefa de anunciar e de ensinar autenticamente a Verdade que é Cristo."

"O discípulo tem o grave dever de anunciar a verdade recebida de Cristo com fidelidade e defendê-la com coragem." (DH,14)

O mesmo Concílio nos garante que a única Igreja é aquela que o Senhor fundou sobre Pedro:

"A única Igreja de Cristo é aquela que o nosso Salvador, depois de sua Ressurreição, entregou a Pedro para apascentar e confiou a ele e aos demais Apóstolos para propagá-la e regê-la... Esta Igreja, constituída e organizada neste mundo como uma sociedade, subsiste na Igreja Católica governada pelo sucessor de Pedro e pelos bispos em comunhão com ele." (LG, 8)

Sabemos que hoje as seitas espalham por toda a terra a cizânia no campo de trigo do Senhor, portanto, mais do que antes, há que se ensinar a verdade que Jesus confiou à Sua Igreja.

Já no Congresso Episcopal Latino Americano de Puebla, em 1978, a Igreja nos alertava:

"Muitas seitas têm se mostrado clara e pertinazmente, não só anticatólicas, mas até injustas contra a Igreja, e têm procurado minar seus membros menos esclarecidos. Devemos confessar com humildade que em grande parte, até em determinados setores da Igreja, numa falsa interpretação do pluralismo religioso permitiu a propaganda de doutrinas errôneas e discutíveis." (n. 80).

E o documento de Puebla chega a dizer que até alguns pastores da Igreja não foram suficientemente firmes no combate aos erros:

"Este serviço dos pastores inclui o direito e o dever de corrigir e decidir, com clareza e firmeza que sejam necessários (n. 249)."

"Em algumas ocasiões, falta a oportuna intervenção magisterial e profética do bispo, bem como maior coerência colegial." (n. 678).

Sem dúvida, vivemos hoje aqueles tempos dos quais São Paulo dizia a Timóteo:

"Porque virá tempos em que os homens já não suportarão a sã doutrina da salvação. Levados pelas próprias paixões e pelo prurido de escutar novidades, ajuntarão mestres para si. Apartarão os ouvidos da verdade e se atirarão às fábulas." (2Tm 4,3-4)

Não é exatamente isto que estamos vendo hoje? Homens e mulheres abandonando a "sã doutrina" da Igreja para se atirarem às "fábulas" das falsas doutrinas e dos falsos profetas. É por isso que o Apóstolo mandava a Timóteo que pregasse "oportuna e inoportunamente" (2Tm 4,2). É o que nós também queremos fazer, a fim de ajudar os nossos irmãos a não se apartarem da verdade da Igreja.

O mesmo São Paulo disse a Timóteo:

"A Igreja é a coluna e o fundamento da verdade" (1Tm 3,15), e "Deus quer que todos se salvem e cheguem ao conhecimento da verdade." (1Tm 2,4).

Sem ouvir a Igreja não se pode chegar ao conhecimento da verdade que salva, pois foi a ela que o Senhor confiou esta mesma verdade.

Nossa Escola da Fé, por este livro, quer ser mais um instrumento de Deus para que você conheça a doutrina católica e também conheça a Santa Igreja, Esposa do Cordeiro, "Sacramento universal da salvação da humanidade" (LG,4), como nos ensinou o Concílio.

A fé da Igreja está firmada em três pontos:

1. A Revelação divina escrita (**a Sagrada Escritura**)

2. A Revelação divina transmitida oralmente (**a Sagrada Tradição**)

3. O Ensinamento da Igreja (**o Sagrado Magistério**)

É por aqui que queremos começar o nosso estudo; pois sem esta base tudo o mais cairá no perigoso subjetivismo ou relativismo religioso que hoje tem atrapalhado muito a fé.

No volume I apresentamos um pouco das riquezas da Sagrada Tradição, berço da Bíblia, (a Bíblia não escrita), a Palavra de Deus transmitida oralmente até nós, e que tem o mesmo valor da Revelação escrita. Apresentamos os ensinamentos dos Santos Padres da Igreja sobre alguns temas importantes.

Neste volume II apresentamos a riqueza da Sagrada Escritura; como interpretar corretamente a Bíblia como a Igreja nos ensina, e poder tirar dela toda a riqueza que ela oferece.

Por fim, conheceremos um pouco do que é o sagrado Magistério da Igreja (volume III), querido e instituído pelo próprio Senhor para conduzir a sua Igreja, guardar o "depósito da fé", e vigiar contra as falsas doutrinas.

Estou convencido de que aqueles que abandonaram a única Igreja do Senhor, o fizeram por não conhecê-la, e por isso, não a amaram.

Confiamos todo este trabalho à Sagrada Família de Nazaré, para que faça dar muitos frutos de salvação e de louvor ao Senhor da glória.

Felipe Rinaldo Queiroz de Aquino
Lorena, SP, 31 de maio de 2000.
Solenidade da Visitação de Maria.

A Sagrada Escritura

A Carta aos Hebreus, mostra-nos todo o poder da Palavra de Deus, as Sagradas Escrituras:

"Porque a palavra de Deus é viva, eficaz, mais penetrante que uma espada de dois gumes, e penetra até a divisão da alma e do corpo, e das juntas e medulas e discerne os sentimentos e pensamentos do coração. Nenhuma criatura lhe é invisível. Tudo é nu e descoberto aos olhos daquele a quem haveremos de prestar conta." (Hb 4,12-13).

Aí está o poder da Palavra de Deus.

Ela tem tão grande poder porque é *Palavra de Deus* e não humana. Isto nos garante o Apóstolo:

"Por isso também damos graças sem cessar a Deus porque recebestes a Palavra de Deus, que de nós ouvistes. Vós a recebestes não como palavra de homens, mas como realmente é: Palavra de Deus, eficazmente em vós que crestes." (1Ts 2,13)

Gostaria de destacar isso: "que age eficazmente em vós que crestes". A santa Palavra de Deus *opera* (realiza o que significa) naquele que crê, naquele que a recebe e acolhe como Palavra de Deus. Ali ela dá muitos frutos. O Espírito Santo nos ensina essa verdade pelo profeta Isaías, cuja boca tornou "semelhante a uma espada afiada" (Is 49,2)*:*

"Tal como a chuva e a neve caem do céu e para lá não voltam sem ter regado a terra, sem a ter fecundado, e feito germinar as plantas, sem dar o grão a semear e o pão a comer, assim acontece à palavra que minha boca profere: não volta sem ter produzido seu efeito, sem ter executado a minha vontade e cumprido a sua missão." (Is 55,10).

A palavra de Deus é transformadora, santificante. São Paulo explica isso a seu jovem discípulo Timóteo, com toda convicção:

"Toda a Escritura é inspirada por Deus, é útil para ensinar, para persuadir, para corrigir e formar na justiça." (2Tm 3,16).

Ela é portanto um instrumento indispensável para a nossa santificação. Não conseguiremos ter "os mesmos sentimentos de Cristo" (Fl 2,5) sem ouvir, ler, meditar, estudar e conhecer a sua santa Palavra. São Jerônimo, que traduziu a Bíblia do grego e do hebraico para o latim *(Vulgata)*, dizia que "quem não conhece o Evangelho não conhece Jesus Cristo".

Jesus nos ensina que "a Escritura não pode ser desprezada" (Jo 10,34). Ele teve profundo respeito e veneração por ela e a empregou muitas vezes. Ao ser tentado no deserto, foi exatamente com o auxílio das Escrituras que Ele se defendeu, lançando de cada vez, no rosto de Satanás, a palavra de Deus.

O tentador fazia de tudo para afastá-lo de sua missão de Salvador dos homens, na forma do "Cordeiro de Deus que tira os pecados do mundo" (Jo 1,29-36), na forma do "Servo de Javé", que deveria morrer na cruz. O inimigo queria desviá-lo da missão sagrada que o Pai lhe tinha confiado e, para isso, quis arrastá-lo a um messianismo terreno, glorioso, temporal, cheio de fama e de sucesso.

Quando ele sugeriu a Jesus, transformar as pedras em pães, ouve do Senhor esta sentença: "Está escrito: Não só de pão vive o homem, mas de toda a palavra que procede da boca de Deus" (Dt 8,3; Mt 4,4).

Na segunda investida o salteador maldito quer levar Jesus a jogar-se do alto do templo para ser sustentado pelos anjos, de maneira exibicionista, (Sl 90,11-12); e o Senhor lhe diz: "Está escrito: Não tentarás o Senhor teu Deus"(Dt 6,16).

Por fim, ele quer fazer Jesus adorá-lo em troca de todos os reinos do mundo; então o Senhor é enfático: "Para trás Satanás, pois está escrito: Adorarás o Senhor teu Deus, e só a Ele servirás" (Dt 6,13).

É impressionante notar que Jesus repetiu por três vezes esta setença: "Está escrito" (nas Escrituras), e Satanás recua incontinente, pois se trata da *eficaz* e poderosa palavra de Deus, que ele não tem força e nem capacidade de contestar e reagir contra ela. E a narração termina dizendo que: "O demônio o deixou" (Mt 4,11).

Que poder tem a palavra de Deus! Se Jesus a utilizou assim como uma arma espiritual na luta contra o tentador, quanto mais nós precisamos dela! Assim, é importantíssimo o estudo da Bíblia, de maneira sistemática e organizada, através de um curso bíblico. É preciso trazer a Palavra de Deus no coração, para poder *sacá-la,* na hora da tentação, como Jesus fez, para nos dar o exemplo.

Este livro quer ajudá-lo a entender melhor ainda esta Palavra, segundo o ensinamento da Igreja, a sua única intérprete legítima.

Só a Igreja católica recebeu de Jesus o encargo de guardar e ensinar as Escrituras. Como disse São Pedro, há "passagens difíceis" (2Pd 3,16) nas Escrituras, cuja interpretação só o Magistério da Igreja, formado pelo Papa e os bispos, pode dar.

A Constituição dogmática do Concílio Vaticano II, *Dei Verbum* (Palavra de Deus), diz:

"A Sagrada Tradição e a Sagrada Escritura , constituem um só depósito da Palavra de Deus confiado à Igreja."

"O ofício de interpretar autenticamente a Palavra de Deus escrita ou transmitida foi confiado unicamente ao Magistério vivo da Igreja, cuja autoridade se exerce em nome de Jesus Cristo." (n. 10)

No entanto, mesmo sem conhecimento profundo de exegese bíblica, ela é sempre para nós a luz de nossa caminhada na terra. São Paulo nos garante que: "tudo o que se escreveu, foi escrito para a nossa instrução, a fim de que pela paciência e consolação que dão as Escrituras, tenhamos esperança" (Rm 15,4). O mesmo diz o livro de Macabeus, para quem a "consolação está nos livros santos, que estão em nossas mãos" (1Mc 12,9), e que encorajavam o povo "lendo a lei e os profetas" (2Mc 15,9).

Jesus disse que "a Escritura não pode ser desprezada"(Jo 10,35), e por isso, São Paulo recomendava a Timóteo que se aplicasse à sua leitura (1Tm 4,13).

Jesus é a própria Palavra de Deus, o Verbo de Deus que se fez carne (Jo 1,1s). No livro do Apocalipse, São João viu o Filho do homem... "e de sua boca saía uma espada afiada, de dois gumes" (Ap 1,16). É o símbolo tradicional da irresistível penetração da Palavra de Deus.

Penso que São Paulo resume todo o poder da Palavra de Deus quando escreve a Timóteo:

"Toda a Escritura é inspirada por Deus e útil para ensinar, para persuadir, para corrigir e formar na justiça." (2Tm 3,16)

Essa palavra nos questiona, interroga, ilumina, guia, consola, enfim, santifica. São Pedro diz que renascemos pela força dessa Palavra.

"Pois haveis renascidos, não duma semente corruptível, mas pela Palavra de Deus, semente incorruptível, viva e eterna", (1Pd 1,23) e, como disse o profeta Isaías: "a palavra do Senhor permanece eternamente." (Is 11,6-8)

Quando avisaram a Jesus que a Sua mãe e os Seus irmãos queriam vê-lo, o Senhor disse:

"Minha mãe e meus irmãos são estes que ouvem a Palavra de Deus e a observam." (Lc 8,21)

Jesus faz questão de dar relevância à necessidade de "ouvir a palavra e a observar"; a esses ele os ama como ama a sua mãe e os seus irmãos.

Quando aquela mulher levantou a voz do meio do povo e lhe disse: "Bem-aventurado o ventre que te trouxe, e os peitos que te amamentaram!", o Senhor respondeu:

"Antes bem-aventurados aqueles que ouvem a Palavra de Deus e a observam!" (Lc 11,28)

Quando alguém é renovado pelo Espírito Santo sente a necessidade da Palavra de Deus, para guiá-lo e santificá-lo.

Pela boca do profeta Amós, o Espírito Santo disse:

"Eis que vem os dias [...] em que enviarei fome sobre a terra, não uma fome de pão, nem uma sede de água, mas fome e sede de ouvir a palavra do Senhor." (Am 8,11)

Graças a Deus esses dias chegaram!

Quando Jesus explicava as Escrituras para os discípulos de Emaús, eles sentiam "que se lhes abrasava os corações" (Lc 24,32). Assim também continua a ser hoje para todo aquele que medita a Palavra de Deus. Ela nos purifica no fogo do Espírito Santo. Todos os santos, sem exceção, mergulharam fundo as suas vidas nas Sagradas Escrituras e deixaram-se guiar pelos ensinamentos da Igreja.

Pela meditação diária da Bíblia, o Espírito Santo vai nos santificando, isto é, fazendo com que, passo a passo, tenhamos, como disse São Paulo, "os mesmos sentimentos de Cristo Jesus" (Fl 2,5).

COMO LER A BÍBLIA

Devemos compreender que a Bíblia é a Palavra de Deus escrita para os homens e pelos homens; logo, ela apresenta duas faces: a divina e a humana. No entanto, para poder interpretá-la bem é necessário o reconhecimento da sua face humana, para depois, compreender a sua mensagem divina.

Não se pode interpretar a Sagrada Escritura só em nome da "mística", pois muitas vezes podemos ser levados por ideias religiosas pré-concebidas, ou mesmo podemos cair no subjetivismo. Por outro lado, não se pode querer usar apenas os critérios científicos (linguística, arqueologia, história...); é necessário, após o exame científico do texto, buscar o sentido teológico.

A Bíblia não é um livro caído do céu, ela não foi ditada mecanicamente por Deus e escrita pelo autor bíblico (= hagiógrafo), mas é um Livro que passou pela mente de judeus e gregos, numa faixa de tempo que vai do século XIV a.C. ao século I d.C. É por causa disto que é necessário usar uma tradução feita a partir de originais e com seguros critérios científicos.

Os escritos bíblicos foram inspirados a certos homens, isto é, o Espírito Santo iluminou a mente do hagiógrafo a fim de que ele, com sua cultura religiosa e profana, pudesse transmitir uma mensagem fiel à vontade de Deus. A Bíblia é portanto um livro humano-divino, todo de Deus e todo do homem, transmite o pensamento de Deus, mas de forma humana. É como o Verbo encarnado, Deus e homem verdadeiro. É importante dizer que a inspiração bíblica é estritamente religiosa, isto é, não devemos querer buscar verdades científicas na Bíblia, mas verdades religiosas, que ultrapassam a razão humana: o plano da salvação do mundo, a sua criação, o sentido do homem, do trabalho, da vida, da morte, etc.

Não há oposição entre a Bíblia e as ciências naturais; ao contrário, os exegetas (estudiosos da Bíblia) usam das línguas antigas, da história, da arqueologia e outras ciências para poderem compreender melhor o que os autores sagrados quiseram nos transmitir.

Mas é preciso deixar claro que a revelação de Deus através da Bíblia não tem uma garantia científica de tudo o que nela está escrito. É inútil pedir à Bíblia uma explicação dos seis dias da criação, ou da maneira como podiam falar os animais, como no caso da jumenta de Balaão. Esses fatos não são revelações, mas tradições que o autor sagrado usou para se expressar.

A própria história contida na Bíblia não deve ser tomada como científica. O que importa é a "verdade religiosa" que Deus quis revelar, e que às vezes é apresentada embutida em uma parábola, ou outra figura de linguagem.

O mais importante é entender que a verdadeira leitura bíblica deve sempre ter em vista a finalidade principal de toda a Sagrada Escritura que é a de anunciar Jesus Cristo e dar testemunho de sua pessoa. Para aqueles que viviam no Antigo Testamento, se tratava apenas de um Salvador desconhecido, que viria. Mas para nós, se trata do Salvador que "habitou no meio de nós", e que ressuscitado está no meio de nós até o fim dos tempos, quando voltará visível e glorioso para encerrar a história.

Por ser Palavra de Deus, a Bíblia nunca envelhece, nem caduca; ela fala-nos hoje como para além dos séculos.

Cristo é o centro da Sagrada Escritura. O Antigo Testamento o anuncia em figuras e na esperança; o Novo Testamento o apresenta como modelo vivo.

O Catecismo nos ensina que "Deus, na condescendência de sua bondade, para revelar-se aos homens, fala-lhes em palavras humanas" (§101).

"Através de todas as palavras da Sagrada Escritura, Deus pronuncia uma só Palavra, seu Verbo único, no qual se expressa por inteiro." (§102).

"Com efeito, as palavras de Deus, expressas por linguagem humana, tal como outrora o Verbo do Pai Eterno, havendo assumido a carne da fraqueza humana, se fez semelhante aos homens." (DV, 13).

Santo Agostinho ensinava que:

"É uma mesma Palavra de Deus que se ouve em todas as Escrituras, é um mesmo Verbo que ressoa na boca de todos os escritores sagrados, ele que, sendo no início Deus, junto de Deus, não tem necessidade de sílabas, por não estar submetido ao tempo." (Sl 103,1-4).

Somente as palavras originais com as quais a Bíblia foi escrita (hebraico, aramaico e grego) foram inspiradas. As traduções não gozam do mesmo carisma da inspiração; é por isso que a Igreja sempre teve muito cuidado com as traduções, pois podem conter algum sentido que não foi da vontade do autor e de Deus. As traduções devem ser fiéis aos originais, e isto não é fácil.

A Escrita Bíblica

Os livros da Bíblia foram escritos em três línguas muito antigas: o hebraico (todos os livros protocanônicos do A.T), aramaico (Ev. Mateus); grego (livros do N.T).

O hebraico era escrito sem vogais até o século VII d.C. Somente nos séculos VII a X d.C., os rabinos judeus fizeram a vocalização do texto hebraico introduzindo as vogais (texto massorético). O leitor colocava mentalmente as vogais entre as consoantes, o que podia gerar dúvidas. Por exemplo, a palavra "ah", podia significar irmão, primo ou parente. O hebraico não tinha superlativo e não separava as palavras.

O aramaico era parecido com o hebraico, falado pelos arameus, comerciantes na mesopotâmia; adotado pelos judeus desde o século V a.C. foi a língua falada por Jesus. O hebraico aos poucos ficou apenas sendo usado no culto divino. O grego era a língua de um povo culto; era falada em todo o Império Romano, e foi muito usada por escritores judeus, uma vez que este povo se espalhou por todo o império.

Os escritores antigos não dividiam o texto sagrado em capítulos e versículos. Os cristãos é que o fizeram para utilizar nas citações e para a Liturgia. Eusébio de Cesareia (†340) dividiu os Evangelhos em 1162 capítulos. Na Idade Média, o arcebispo Estêvão Langton, de Cantuária (†1228), distribuiu o texto latino do A.T e do N.T em capítulos; esta divisão foi introduzida no texto hebraico do AT e no texto grego dos LXX e do NT e está em uso até hoje.

A divisão dos capítulos e versículos como temos hoje é do século XVI. Santes Pagnino de Lucca (†1554) dividiu o AT e o NT em versículos numerados. Roberto Estêvão, tipógrafo francês, refez a distribuição do N.T em 1551.

Os textos da Bíblia foram escritos em material frágil (pergaminho ou papiro); por isso, os originais se perderam ou não se conservaram; mas temos cópias dos originais.

Com a descoberta dos manuscritos de Qumran, em 1947, em Israel, às margens do Mar Morto, que datam do século I a.C. e I d.C., foi possível recuar mil anos na tradição manuscrita. Antes de 1947 não possuíamos cópias dos textos hebraicos do A.T anteriores aos séculos IX/X depois de Cristo; tínhamos apenas os manuscritos da Idade Média, e viu-se que há identidade com os documentos descobertos em Qumran, o que quer dizer que os textos se foram transmitindo fielmente através dos séculos. Isto se deu porque os judeus guardavam ciosamente a sua literatura religiosa e não permitiam que ela se deteriorasse.

GÊNEROS LITERÁRIOS

Como a Bíblia é a Palavra de Deus, escrita no linguajar humano, ela utiliza dos gêneros literários que são os artifícios das linguagens dos homens para se expressar. O gênero literário a ser usado depende do assunto a ser transmitido. Eis alguns tipos: leis, genealogias, oráculos proféticos, poemas, poesia, parábolas, epopeias, orações, hino litúrgico, sermões, conto de amor, salmo, relato histórico (santa Ceia, por exemplo), crônicas, midraxe, cartas, fábulas, apocalipse, etc.; para cada caso temos um jeito de escrever.

Cada gênero literário tem a sua forma de interpretação própria; ora, não se pode interpretar o texto de uma lei da mesma forma que uma parábola! É por isso que não se pode interpretar a Bíblia ao pé da letra; daí surgem muitos erros. É preciso lembrar também que a Bíblia foi escrita num intervalo de tempo de aproximadamente 14 séculos, 1400 anos, desde o século XIII a.C. até o século I depois de Cristo.

Isto implica em conceitos diferentes dos nossos; portanto, não se pode ler a Bíblia com a mesma mentalidade e valores do nosso tempo. Algo que era normal naquele tempo pode hoje nos parecer um absurdo; mas Deus quis usar o homem para transmitir a sua Palavra.

Na Bíblia não há erros, esses são parte de quem a interpreta. Muitas vezes o que para nós hoje tem um sentido, para o autor sagrado quer dizer outra; às vezes ele está usando apenas um artifício de linguagem e nós interpretamos ao pé da letra. Daí a dificuldade de se interpretar certos trechos da Escritura. Por isso Jesus deixou o Sagrado Magistério da Igreja (Papa e bispos) para que a sua interpretação não tenha erro.

Os sentidos da escritura

Para se fazer uma boa leitura da Bíblia, a Igreja nos recomenda ter em mente o que chamamos de cinco sentidos.

1. A analogia da fé — A Bíblia é um livro de verdades religiosas reveladas por Deus. Cada texto está de certa forma relacionado com toda a Bíblia e com a fé da Igreja. Não podemos tirar um texto ou um versículo que seja deste contexto, sem que possa haver erro de interpretação. Aqui entra a fundamental importância da Tradição e do Magistério da Igreja. É a Igreja que deve ter a palavra final, a fim de se evitar o perigoso subjetivismo pessoal ("eu acho que...").

2. O sentido da História — Deus é o Senhor da história dos homens e a sua santa vontade se realiza por meio das vicissitudes humanas. O avançar da história também nos ajuda a compreender a Sagrada Escritura. Jesus mandou observar os sinais dos tempos.

3. O sentido do movimento progressivo da Revelação — É importante notar que Deus na sua paciência diferente da nossa, foi se revelando lentamente, durante 14 séculos, e continuou a se revelar durante mais de 20 séculos pelos caminhos da Sua Igreja, através da Sagrada Tradição (transmissão oral, não escrita) que para nós católicos tem o mesmo valor das Sagradas Escrituras.

4. O sentido da relatividade das palavras — as palavras são relativas, nem sempre absolutas. Para compreender o texto bíblico importa saber o que certas palavras significavam exatamente quando foram usadas pelo autor sagrado.

5. O bom senso e senso crítico — também é recomendado, isto é, a nossa inteligência e equilíbrio diante dos fatos. É bom saber perguntar diante de certas interpretações: isto tem fundamento no texto original? Ou será apenas o ponto de vista de alguém em desacordo com o autor sagrado?

A Constituição Dogmática do Concílio Vaticano II sobre a Revelação divina, *Dei Verbum*, recomenda três pontos para ler a Palavra de Deus:

1. Conteúdo e unidade da Escritura inteira — Quer dizer, não interpretar uma parte da Escritura fora do seu contexto integral. Muitas vezes um versículo só será bem entendido quando lido juntamente com outros.

2. A Tradição viva da Igreja — Observar como a Tradição da Igreja interpretou a parte que está sob estudo, especialmente pesar a palavra dos Papas, Santos Padres da Igreja e seus doutores.

3. Analogia da fé — Isto é, verificar a coesão das verdades da fé entre si. Uma não pode ser oposta a outra, pois o Espírito Santo não se contradiz.

O Concílio Vaticano II

O Concílio indica também três critérios para uma interpretação da Escritura conforme ao Espírito que a inspirou:

1. Prestar muita atenção ao conteúdo e à unidade da Escritura inteira — Pois, por mais diferentes que sejam os livros que a compõem, a Escritura é una em razão da unidade do projeto de Deus, do qual Cristo Jesus é o centro e o coração, aberto depois da sua Páscoa (§112).

São Tomás de Aquino assim explica:

"O coração de Cristo designa a Sagrada Escritura que dá a conhecer o coração de Cristo. O coração estava fechado antes da Paixão, pois a Escritura era obscura. Mas a Escritura foi aberta após a Paixão, pois os que a partir daí têm a compreensão dela consideram e discernem de que maneira as profecias devem ser interpretadas." (Sl 21,11)

2. Ler a Escritura dentro da Tradição viva da Igreja inteira — Conforme o ensinamento dos Padres da Igreja, "a Sagrada Escritura está escrita mais no coração da Igreja do que nos instrumentos materiais". Com efeito, a Igreja leva na sua Tradição, a memória viva da Palavra de Deus, e é o Espírito Santo que lhe dá a interpretação espirital da Escritura ("... segundo o sentido espiritual que o Espírito dá à Igreja") (Orígenes, hom. Lv. 5,5), (§113).

3. Estar atento "à analogia da fé" (Rm 12,6) — Por analogia da fé entendemos a coesão das verdades da fé entre si e no projeto total da Revelação.

O SENTIDO LITERAL E O ESPIRITUAL

O Catecismo da Igreja nos ensina que há dois sentidos nas Escrituras, segundo uma antiga tradição da Igreja.

O sentido literal — é dado pelo significado das palavras da Escritura e descoberto pela exegese (estudo profundo do texto bíblico) que segue as regras da correta interpretação.São Tomás de Aquino dizia que "todos os sentidos devem estar fundados no literal" (Suma Theol. 1,1, 10, ad 1). (CIC §116).

O sentido espiritual — Graças à unidade do projeto de Deus, não somente o texto da Escritura, mas também as realidades e os acontecimentos de que fala, podem ser sinais. O sentido espiritual pode ser subdividido em alegórico, moral e anagógico.

O sentido alegórico — Podemos adquirir uma compreensão mais profunda dos acontecimentos reconhecendo a significação deles em Cristo; assim, a travessia do Mar Vermelho é um sinal da vitória de Cristo, e também é um sinal do Batismo (cf. 1Cor 10,12).

O sentido moral — Os acontecimentos relatados na Escritura podem conduzir-nos a um justo agir. São Paulo diz que eles foram escritos para a nossa instrução (1Cor 10,11; Hb 3-4,11).

O sentido anagógico — Podemos ver realidades e acontecimentos na sua significação eterna, conduzindo-nos (em grego: *anogogé*) para a nossa Pátria. Assim, a Igreja na terra é sinal da Jerusalém celeste (cf. Ap 21,1; 22,5; CIC §117).

Um ensinamento medieval resume a significação dos quatro sentidos:

"A letra ensina o que aconteceu; a alegoria, o que deves crer; a moral, o que deves fazer; a anagogia, para onde deves caminhar." (§118).

A RELAÇÃO ENTRE O ANTIGO E O NOVO TESTAMENTO

Embora o Novo Testamento seja "o coração das Escrituras", já que contém os Evangelhos, o Antigo Testamento continua sendo uma parte inalienável da Sagrada Escritura. Seus livros são divinamente inspirados e conservam um valor permanente (cf. DV, 14), uma vez que a Antiga Aliança nunca foi revogada, como ensina a Igreja.

O nosso Catecismo ensina que:

"Os cristãos veneram o Antigo Testamento como verdadeira Palavra de Deus. A Igreja sempre rechaçou vigorosamente a ideia de rejeitar o Antigo Testamento sob o pretexto de que o Novo o teria feito caducar (Marcionismo)." (§123).

"A Igreja, já nos tempos apostólicos (1Cor 10,6.11; Hb 10,1; 1Pd 3,21), e depois, constantemente na sua Tradição, iluminou a unidade do plano divino nos dois Testamentos graças à tipologia. Esta discerne nas obras de Deus contidas na Antiga Aliança prefigurações daquilo que Deus realizou na plenitude dos tempos, na pessoa de seu Filho encarnado." (§128).

"Por isso os cristãos leem o Antigo Testamento à luz de Cristo morto e ressuscitado. Esta leitura tipológica manifesta o conteúdo inesgotável do Antigo Testamento. Ela não deve levar a esquecer que este conserva o seu valor próprio de Revelação, que o próprio Nosso Senhor reafirmou (cf. Mc 12,29-31). De resto, também o Novo Testamento exige ser lido à luz do Antigo. A catequese cristã primitiva recorre constantemente a ele (cf. 1Cor 5,6-8; 10,1-11)." (§129).

Hugo de São Vitor também dizia que:

"Toda a Escritura divina é um único livro, e este livro único é Cristo, já que toda Escritura divina fala de Cristo, e toda Escritura divina se cumpre em Cristo." (CIC §134).

Segundo uma palavra de Santo Agostinho:

"O Novo Testamento está escondido no Antigo, ao passo que o Antigo é desvendado no Novo." (Hept 2,73; DV,16; CIC §129)

Como a Bíblia foi escrita

Os textos da Bíblia começaram a ser escritos desde os tempos anteriores a Moisés (1200 a.C.). Escrever era uma arte rara e cara, pois se escrevia em tábuas de madeira, papiro, pergaminho (couro de carneiro). Moisés foi o primeiro codificador das leis e tradições orais e escritas de Israel. Essas tradições foram crescendo aos poucos por outros escritores no decorrer dos séculos, sem que houvesse uma catalogação rigorosa das mesmas. Assim foi se formando a literatura sagrada de Israel.

Até o século XVIII d.C., admitia-se que Moisés tinha escrito o Pentateuco (Gn, Ex, Lv, Nm, Dt); mas, nos últimos séculos, os estudos mais apurados mostraram que não deve ter sido Moisés o autor de toda esta obra. A teoria que a Igreja Católica aceita é a seguinte:

O povo de Israel, desde que Deus chamou Abrão de Ur na Caldeia, foi formando a sua tradição histórica e jurídica. Moisés deve ter sido quem fez a primeira codificação das Leis de Israel, por ordem de Deus, no século XIII a.C. Após Moisés, o bloco de tradições foi enriquecido com novas leis devido às mudanças históricas e sociais de Israel.

A partir de Salomão (972-932), passou a existir na corte dos reis, tanto de Judá quanto da Samaria (reino cismático desde

930 a.C.) um grupo de escritores que zelavam pelas tradições de Israel, eram os escribas e sacerdotes. Do seu trabalho surgiram quatro coleções de narrativas históricas que deram origem ao Pentateuco:

1. Coleção ou código Javista (J), onde predomina o nome Javé. Tem estilo simbolista, dramático e vivo; mostra Deus muito perto do homem. Teve origem no reino de Judá com Salomão (972-932).

2. O código Eloista (E), predomina o nome Elohim (= Deus). Foi redigido entre 850 e 750 a.C., no reino cismático da Samaria. Não usa tanto o antropomorfismo (representa Deus à semelhança do homem) do código Javista.

Quando houve a queda do reino da Samaria, em 722 para os Assírios, o código E foi levado para o reino de Judá, onde houve a fusão com o código J, dando origem a um código JE.

3. O código (D) – Deuteronômio (= Repetição da Lei, em grego). Acredita-se que teve origem nos santuários do reino cismático da Samaria (Siquém, Betel, Dã,...) repetindo a lei que se obedecia antes da separação das tribos. Após a queda da Samaria (722) este código deve ter sido levado para o reino de Judá, e tudo indica que tenha ficado guardado no Templo até o reinado de Josias (640-609 a.C.), como se vê em 2Reis (22). O código D sofreu modificações e a sua redação final é do século V a.C., quando, então, na íntegra, foi anexado à Torá. No Deuteronômio se observa cinco "deuteronômios" (repetição da lei). A característica forte do Deuteronômio é o estilo forte que lembra as exortações e pregações dos sacerdotes ao povo.

4. O código Sacerdotal (P) – provavelmente os sacerdotes judeus durante o exílio da Babilônia (587-537 a.C.) tenham redigido as tradições de Israel para animar o povo no exílio. Este código contém dados cronológicos e tabelas genealógicas, ligando o povo do exílio aos Patriarcas, para mostrar-lhes que fora o próprio Deus quem escolheu Israel para ser uma nação sacerdotal (Ex 19,5s). O código P enfatiza o Templo, a Arca, o Tabernáculo, o ritual, a Aliança.

Tudo indica que no século V a.C., um sacerdote, talvez Esdras, tenha fundido os códigos JE e P, colocando como apêndice o código D, formando assim o Pentateuco ou a Torá, como a temos hoje.

A IMPORTÂNCIA DA IGREJA

Se não fosse a Igreja Católica, não existiria a Bíblia como a temos hoje, com os 73 livros canônicos, isto é, inspirados pelo Espírito Santo. Foi num longo processo de discernimento que a Igreja, desde o tempo dos Apóstolos, foi "berçando" a Bíblia, e descobrindo os livros inspirados. Se você acredita no dogma da infalibilidade de Igreja, então pode acreditar na Bíblia como a Palavra de Deus. Mas se você não acredita, então a Bíblia perde a sua inerrância, isto é, ausência de erro. Esta conclusão nos leva a outra também importantíssima, que é a seguinte: se foi a Igreja, que guiada pelo Espírito Santo, compôs a Bíblia, logo, é ela também a única autoridade capaz de a interpretar segundo o que Deus quis nos dizer de fato. Por que a Igreja tem tanta certeza de que ela não erra naquilo que é essencial para levar os seus filhos à salvação? Por causa das grandes promessas que o próprio Senhor lhe fez, garantindo que ela guardaria sem erros o "depósito da fé" que Jesus nos deixou através dos Apóstolos.

Demorou alguns séculos para que a Igreja chegasse à forma final da Bíblia. Em vários Concílios, alguns regionais outros universais, a Igreja estudou o cânon da Bíblia, isto é, o seu índice.

Garante-nos o Catecismo da Igreja e o Concílio Vaticano II que:

"Foi a Tradição apostólica que fez a Igreja discernir que escritos deviam ser enumerados na lista dos Livros Sagrados." (DV 8; CIC,120).

Portanto, sem a Tradição da Igreja não teríamos a Bíblia. Santo Agostinho dizia: "Eu não acreditaria no Evangelho, se a isso não me levasse a autoridade da Igreja Católica" (CIC,§119).

Por que a Bíblia católica é diferente da protestante? Esta tem apenas 66 livros porque Lutero e, principalmente os seus seguidores, rejeitaram os livros de Tobias, Judite, Sabedoria, Baruc, Eclesiástico (ou Sirácida), 1 e 2 Macabeus, além de Ester (10,4-16); Daniel (3,24-20; 13-14).

A razão disso vem de longe.

No ano 100 da era cristã os rabinos judeus se reuniram no **Sínodo de Jâmnia** (ou Jabnes), no sul da Palestina, a fim de definirem a Bíblia Judaica. Isto porque nesta época começava a surgir o Novo Testamento com os Evangelhos e as cartas dos Apóstolos, que os Judeus não aceitaram.

Nesse Sínodo os rabinos definiram como critérios para aceitar que um livro fizesse parte da Bíblia, o seguinte:

1. deveria ter sido escrito na Terra Santa;

2. escrito somente em hebraico, nem aramaico e nem grego;

3. escrito antes de Esdras (455-428 a.C.);

4. sem contradição com a Torá ou lei de Moisés.

Esses critérios eram nacionalistas, mais do que religiosos, fruto do retorno do exílio da Babilônia. Por esses critérios não foram aceitos na Bíblia judaica da Palestina os livros que hoje não constam na Bíblia protestante, citados antes.

Acontece que em Alexandria no Egito, cerca de 200 anos antes de Cristo, já havia uma forte colônia de judeus, vivendo em terra estrangeira e falando o grego. Os judeus de Alexandria, através de 70 sábios judeus, traduziram os livros sagrados hebraicos para o grego, entre os anos 250 e 100 a.C., antes do Sínodo de Jâmnia (100 d.C.). Surgiu assim a versão grega chamada **Alexandrina** ou **dos Setenta**. E essa versão dos Setenta, incluiu os livros que os judeus de Jâmnia, por critérios nacionalistas, rejeitaram.

Havia então no início do Cristianismo duas Bíblias judaicas: uma da Palestina (restrita) e a Alexandrina (completa — Versão dos LXX).

Os Apóstolos e Evangelistas optaram pela Bíblia completa dos Setenta (Alexandrina), considerando canônicos os livros rejeitados em Jâmnia. Ao escreverem o Novo Testamento usaram o Antigo Testamento, na forma da tradução grega de Alexandria, mesmo quando esta era diferente do texto hebraico. O texto grego "dos Setenta" tornou-se comum entre os cristãos, e portanto, o cânon completo, incluindo os sete livros e os fragmentos de Ester e Daniel, passou para o uso dos cristãos.

Das 350 citações do Antigo Testamento que há no Novo, 300 são tiradas da Versão dos Setenta, o que mostra o uso da Bíblia completa pelos apóstolos.

Verificamos também que nos livros do Novo Testamento há citações dos livros que os judeus nacionalistas da Palestina rejeitaram. Por exemplo: Rm 1,12-32 se refere a Sb 13,1-9; Rm 13,1 a Sb 6,3; Mt 27,43 a Sb 2,13.18; Tg 1,19 a Eclo 5,11; Mt 11,29s a Eclo 51,23-30; Hb 11,34 a 2Mc 6,18; 7,42; Ap 8,2 a Tb 12,15.

Nos séculos II a IV houve dúvidas na Igreja sobre os sete livros por causa da dificuldade do diálogo com os judeus. Finalmente a Igreja, ficou com a Bíblia completa da Versão dos Setenta, incluindo os sete livros.

Por outro lado, é importante saber também que muitos outros livros que todos os cristãos têm como canônicos, não são citados nem mesmo implicitamente no Novo Testamento. Por exemplo: Eclesiastes, Ester, Cântico dos Cânticos, Esdras, Neemias, Abdias, Naum, Rute.

Outro fato importantíssimo é que nos mais antigos escritos dos santos Padres da Igreja (Patrística) os livros rejeitados pelos protestantes (deutero-canônicos) são citados como Sagrada Escritura. Assim, São Clemente de Roma, o quarto Papa da Igreja, no ano de 95 escreveu a Carta aos Coríntios, citando Judite, Sabedoria, fragmentos de Daniel, Tobias e Eclesiástico; livros rejeitados pelos protestantes. Ora, será que o Papa São Clemente se enganou, e com ele a Igreja? É claro que não. Da mesma forma, o conhecido Pastor de Hermas, no ano 140, faz amplo uso de Eclesiástico, e dos Macabeus; Santo Hipólito (†234), comenta o Livro de Daniel com os fragmentos deuterocanônicos rejeitados pelos protestantes, e cita como Sagrada Escritura Sabedoria, Baruc, Tobias, 1 e 2 Macabeus.

Fica assim, muito claro, que a Sagrada Tradição da Igreja e o Sagrado Magistério sempre confirmaram os livros deuterocanônicos como inspirados pelo Espírito Santo.

Vários Concílios confirmaram isto: os Concílios regionais de Hipona (ano 393); Cartago II (397), Cartago IV (419), Trulos (692). Principalmente os Concílios ecumênicos de Florença (1442), Trento (1546) e Vaticano I (1870) confirmaram a escolha.

No século XVI, Martinho Lutero (1483-1546) para contestar a Igreja, e para facilitar a defesa das suas teses, adotou o cânon da Palestina e deixou de lado os sete livros conhecidos, com os fragmentos de Ester e Daniel.

Sabemos que é o Espírito Santo quem guia a Igreja e fez com que na hesitação dos séculos II a IV a Igreja optasse pela Bíblia completa, a versão dos Setenta de Alexandria, o que vale até hoje para nós católicos.

Lutero, ao traduzir a Bíblia para o alemão, traduziu também os sete livros (deuterocanônicos) na sua edição de 1534, e as Sociedades Bíblicas protestantes, até o século XIX incluíam os sete livros nas edições da Bíblia.

Neste fato fundamental para a vida da Igreja (a Bíblia completa) vemos a importância da Tradição da Igreja, que nos legou a Bíblia como a temos hoje. Disse o último Concílio:

"Pela Tradição torna-se conhecido à Igreja o Cânon completo dos livros sagrados e as próprias Sagradas Escrituras são nelas cada vez mais profundamente compreendidas e se fazem sem cessar, atuantes. Assim o Deus que outrora falou, mantém um permanente diálogo com a Esposa de seu dileto Filho, e o Espírito Santo, pelo qual a voz viva do Evangelho ressoa na Igreja e através da Igreja no mundo, leva os fiéis à verdade toda e faz habitar neles copiosamente a Palavra de Cristo." (DV, 8)

Por fim, é preciso compreender que a Bíblia não define ela mesma o seu catálogo, isto é, não há um livro da Bíblia que diga qual é o índice dela. Assim, este só pode ter sido feito pela Tradição dos apóstolos, pela tradição oral que de geração em geração chegou até nós.

Se negarmos o valor indispensável da Tradição, negaremos a autenticidade da própria Bíblia.

É interessante notar que o Papa São Dâmaso (366-384), no século IV, pediu a São Jerônimo que fizesse uma revisão das muitas traduções latinas que havia da Bíblia, o que gerava certas confusões entre os cristãos. São Jerônimo revisou o texto grego do Novo Testamento e traduziu do hebraico o Antigo Testamento, dando origem ao texto latino chamado de *Vulgata*, usado até hoje.

OS LIVROS QUE COMPÕEM A BÍBLIA CATÓLICA

Vamos apresentar a composição da Bíblia católica, usada desde os Apóstolos, pelos Santos Padres, pelos santos Doutores, e por toda a Igreja. Ela é composta de 73 livros, contando Lamentações e Jeremias separados. São 46 Livros do Antigo Testamento e 27 do Novo Testamento.

A. Antigo Testamento

Das Origens aos Reis – 7 Livros:
– Gênesis, Êxodo, Levítico, Números, Deuteronômio, Josué e Juízes.

Dos Reis de Israel e o Exílio – 7 Livros:
– Rute, Samuel I, Samuel II, Reis I, Reis II, Crônicas I e Crônicas II.

Fatos após o Exílio na Babilônia – 7 Livros:
– Esdras, Neemias, Tobias, Judite, Ester, Macabeus I e Macabeus II.

Livros Sapienciais – Ensino e Oração – 7 Livros:
– Jó, Salmos, Provérbios, Eclesiastes, Cânticos, Eclesiástico (ou Sirac) e Sabedoria.

Profetas Maiores – Pregações – 6 Livros:
– Isaías, Jeremias, Lamentações, Baruc, Ezequiel e Daniel.

Profetas Menores – 12 Livros:
– Oseias, Joel, Amós, Abdias, Jonas, Miqueias, Naum, Habacuc, Sofonias, Ageu, Zacarias, Malaquias.

B. Novo Testamento

Evangelhos e Atos dos Apóstolos – 5 Livros:
– Mateus, Marcos, Lucas, João e Atos dos Apóstolos.

Cartas de São Paulo — 14 Livros:
– Carta aos Romanos, Coríntios I e II, Gálatas, Efésios, Filipenses, Colossenses, Tessalonicenses I e II, Timóteo I e II, Tito, Filêmon, Hebreus.

Cartas dos outros Apóstolos — 8 Livros:
– Carta de Tiago, Pedro I e II, João I, II e III, Judas, Apocalipse.

A AUTENTICIDADE DOS EVANGELHOS

Muitos, por desconhecerem as fontes seguras da nossa fé, perguntam: "são de fato os Evangelhos históricos, ou será que foram "inventados" pela Igreja?"

Da sua parte, a Igreja não tem dúvida de que os Evangelhos são rigorosamente históricos. É o que nos diz a Constituição Apostólica *Dei Verbum*, sobre a Revelação divina:

"A santa mãe Igreja firme e constantemente creu e crê que os quatro mencionados Evangelhos, cuja historicidade afirma sem hesitação, transmitem fielmente aquilo que Jesus, Filho de Deus, ao viver entre os homens, realmente fez e ensinou para a salvação deles, até o dia em que foi elevado." (DV, 19)

Sabemos que os originais (autógrafos) dos Evangelhos, tais como saíram das mãos de Mateus, Marcos, Lucas e João, se perderam, dada a fragilidade do material usado (pele de ovelha ou papiro).

Entretanto, ficaram-nos as cópias antigas desses originais, que são os papiros, os **códices unciais** (escritos em caracteres maiúsculos sobre pergaminho), **os códices minúsculos** (escritos mais tarde em caracteres minúsculos) e os **lecionários** (antologias de textos para uso litúrgico).

Conhecem-se cerca de 5236 manuscritos do texto original grego do Novo Testamento, comprovados como autênticos pelos especialistas. Estão assim distribuídos: 81 papiros; 266 códices maiúsculos; 2754 códices minúsculos e 2135 lecionários.

a) Os papiros são os mais antigos testemunhos o texto do Novo Testamento. Estão assim distribuídos pelo mundo:

Número	Conteúdo	Local	Data (Séc.)
p1	Evangelhos	Filadélfia (USA)	III
p2	Evangelhos	Florença	VI
p3	Evangelhos	Viena (Áustria)	VI/VII
p4	Evangelhos	Paris	III
p5	Evangelhos	Londres	III
p6	Evangelhos	Estrasburgo	IV
p7	Atos	Berlim	IV

Em resumo, existem 76 papiros do texto original do novo Testamento. Acham-se ainda em Leningrado (p11, p68), no Cairo (p15, p16), em Oxford (p19), em Cambridge (p27), em Heidelberg (p40), em Nova York (p59, p60, p61), em Gênova (p72, p74, p75)...

Desses papiros alguns são do ano 200, o que é muito importante, já que o Evangelho de São João foi escrito por volta do ano 100. São, por exemplo, do ano 200, aproximadamente, o papiro 67, guardado em Barcelona.

b) Os códices unciais são verdadeiros livros de grande formato, escritos em caracteres maiúsculos (unciais). Uncial vem de "uncia", polegada em latim. Eis a relação de alguns deles:

Códice	Conteúdo	Local	Data (Séc.)
Aleph 01 (Sinaítico)	N.T	Londres	IV
A 02 (Alexandrino)	N.T	Londres	V
B 03 (Vaticano)	N.T (menos Ap.)	Roma	IV
C 04 (Efrém rescrito)	N.T	Paris	V
D 05 (Beza)	Evangelhos Atos	Cambridge	IV
D 06 (Claromantono)	Paulo	Paris	IV

Em resumo, há mais de duzentos códices unciais, espalhados por Moscou (K 018; V 031; 036); Utrecht (F 09); Leningrado (P 025); Washington (W 032); Monte Athos (H 015; 044); São Galo (037)...

Desses dados é fácil entender que a pesquisa e o estudo dos manuscritos do Novo Testamento não dependem de concessão do Vaticano, pela simples razão que a sua maioria não está em posse da Igreja. Só há um código datado do século IV, no Vaticano. As pesquisas sempre foram realizadas independentemente da autorização da Igreja Católica.

Os manuscritos bíblicos são manuscritos da humanidade; muitos foram levados do Oriente, por estudiosos e outros interessados, para as bibliotecas dos países ocidentais, onde se acham guardados até hoje.

Como vimos, existem hoje mais de cinco mil cópias manuscritas do Novo Testamento datadas dos dez primeiros séculos. Algumas são papiros dos séculos II/III. O mais antigo de todos é o **papiro de Rylands**, conservado em Manchester (Inglaterra) sob a sigla **P. Ryl. Gk. 457**; do ano 120 aproximadamente, e contém os versículos de João 18,31-33.37.38.

Ora, se observarmos que o Evangelho de São João foi escrito por volta do ano 100, verificamos que temos um manuscrito que é, então, cópia do próprio original.

As pequenas variações encontradas nessas cinco mil cópias são meramente gramaticais ou sintáticas e que não alteram o seu conteúdo. Os estudiosos, estudando este grande número de manuscritos antigos, concluem que é possível reconstruir a face autêntica original do Novo Testamento, que é o que hoje usamos.

Uma comparação muito interessante é confrontarmos esse tipo de testemunhas do texto original do Novo Testamento, com as obras dos clássicos latinos e gregos usados pela humanidade. Verificamos que é muito privilegiada a documentação hoje existente para se construir a face autêntica do Novo Testamento. Eis alguns dados conhecidos:

Escritor	Época do escritor	Tempo decorrido entre o escritor e a primeira cópia de suas obras
Virgílio	19 a.C.	350 anos
Tito Lívio	17 d.C.	500 anos
Horácio	08 a.C.	900 anos
Júlio César	44 a.C.	900 anos
Cornélio Nepos	32 a.C.	1200 anos
Platão	347 a.C.	1300 anos
Tucídides	395 a.C.	1300 anos
Eurípedes	407 a.C.	1600 anos

Vemos, então, que a transmissão desses clássicos antigos, gregos e latinos, tão usados pela humanidade, tiveram uma transmissão muito mais precária do que o Novo Testamento, com os seus mais de 5000 manuscritos, muito mais próximos de seus originais. Se a humanidade não põe em dúvida a autenticidade desses textos latinos e gregos, então, jamais poderá questionar a autencidade do Novo Testamento.

As fontes dos primeiros séculos confirmam a autenticidade do Novo Testamento. Vejamos apenas uns poucos exemplos.

Evangelho de Mateus — No ano 130 o Bispo Pápias, de Hierápolis na Frígia, região da Ásia Menor, que foi uma das primeiras a ser evangelizada pelos Apóstolos, fala do Evangelho de São Mateus dizendo:

"Mateus, por sua parte, pôs em ordem os dizeres na língua hebraica, e cada um depois os traduziu como pode." (Eusébio, História da Igreja III, 39,16).

Quem escreveu essas palavras foi o bispo Eusébio, de Cesareia na Palestina, quando por volta do ano 300 escreveu a primeira história da Igreja. Ele dá o testemunho histórico de Pápias. Note que Pápias nasceu no primeiro século, isto é, no tempo dos próprios Apóstolos; São João ainda era vivo. Portanto, este testemunho é inequívoco.

Outro testemunho importante sobre o Evangelho de Mateus é dado por Santo Irineu (†200), do segundo século. Ele foi discípulo do grande bispo São Policarpo de Esmirna, que foi discípulo de São João evangelista. Santo Irineu na sua obra contra os hereges gnósticos, fala do Evangelho de Mateus, dizendo:

"Mateus compôs o Evangelho para os hebreus na sua língua, enquanto Pedro e Paulo em Roma pregavam o Evangelho e fundavam a Igreja." (Adv. Haereses II, 1,1).

Evangelho de São Marcos — É também o Bispo de Hierápolis, Pápias (†130) que dá o primeiro testemunho do Evangelho de Marcos, conforme escreve Eusébio:

"Marcos, intérprete de Pedro, escreveu com exatidão, mas sem ordem, tudo aquilo que recordava das palavras e das ações do Senhor; não tinha ouvido nem seguido o Senhor, mas, mais tarde..., Pedro. Ora, como Pedro ensinava, adaptando-se às várias necessidades dos ouvintes, sem se preocupar em oferecer composição ordenada das sentenças do Senhor, Marcos não nos enganou escrevendo conforme recordava; tinha somente esta preocupação, nada negligenciar do que tinha ouvido, e nada dizer de falso." (Eusébio, História da Igreja, III, 39,15).

Evangelho de São Lucas — O Prólogo do Evangelho de São Lucas, usado comumente no século II, dava testemunho deste Evangelho, ao dizer:

"Lucas foi sírio de Antioquia, de profissão médica, discípulo dos apóstolos, mais tarde seguiu Paulo até a confissão (martírio) deste, servindo irrepreensivelmente o Senhor. Nunca teve esposa nem filhos; com oitenta e quatro anos morreu na Bitínia, cheio do Espírito Santo. Já tendo sido escritos os evangelhos de Mateus, na Bitínia, e de Marcos, na Itália, impelido pelo Espírito Santo, redigiu este Evangelho nas regiões da Acaia, dando a saber logo no início que os outros Evangelhos já haviam sido escritos."

Evangelho de São João — é Santo Irineu (†202) que dá o seu testemunho:

"Enfim, João, o discípulo do Senhor, o mesmo que reclinou sobre o seu peito, publicou também o Evangelho quando de sua estadia em Éfeso."

Ora, todos esses homens legaram a seguinte doutrina:

"Quem não lhes dá assentimento despreza os que tiveram parte com o Senhor, despreza o próprio Senhor, despreza enfim o Pai; e assim se condena a si mesmo, pois resiste e se opõe à sua salvação — e é o que fazem todos os hereges." (Contra as heresias).

Os evangelhos e a crítica racionalista

A vivência cristã é fundamentada sobretudo na Palavra de Deus, isto é, na Revelação de Deus aos homens, narrada no Antigo e no Novo Testamentos. São Pedro, na sua segunda epístola, deixa claro:

"Antes de tudo, sabei que nenhuma palavra da Escritura é de interpretação pessoal. Porque jamais uma palavra foi proferida por efeito de uma vontade humana. Homens inspirados pelo Espírito Santo falaram da parte de Deus." (2Pd 1,20-21)

A Igreja, depois de examinar todas as coisas, com todo o rigor que lhe é peculiar, não tem dúvida de nos apresentar os Evangelhos como rigorosamente históricos. A Constituição apostólica *Dei Verbum*, do Vaticano II, diz;

"A santa Mãe Igreja, segundo a fé apostólica, tem como sagrados e canônicos os livros completos tanto do Antigo como do Novo Testamento, com todas as suas partes, porque, escritos sob a inspiração do Espírito Santo, eles têm Deus como Autor e nesta sua qualidade foram confiados à Igreja." (DV, 11)

O Catecismo da Igreja afirma com toda a segurança:

"A Igreja defende firmemente que os quatro Evangelhos, cuja historicidade afirma sem hesitação, transmitem fielmente aquilo que Jesus, Filho de Deus, ao viver entre os homens, realmente fez e ensinou para a eterna salvação deles, até ao dia que foi elevado." (§126)

A Palavra de Deus, interpretada pela Igreja, é a Luz do cristão! Sem ela caminhamos nas trevas do erro, das falsas doutrinas, nas enganações de tantos misticismos sem fundamentos e nos subjetivismos de muitos que se julgam "iluminados".

Só Deus tem autoridade para instituir uma Religião. Ninguém mais. E Deus quis encarnar-se na Pessoa de Jesus Cristo para se revelar aos homens e para revelar-lhes a Sua Religião, a Sua

Doutrina, a qual confiou à Sua Igreja, firmada em Pedro e nos Apóstolos, para ser preservada.

Jesus impressionava as multidões porque é Deus, "ensinava como quem tinha autoridade e não como os escribas" (Mt 7,29).

Ele provou que é Deus; isto é, Senhor de tudo, onipotente, onisciente, onipresente: andou sobre as águas sem afundar (Mt 14,26), multiplicou os pães (Mt 15,36), curou leprosos (Mt 8,3), dominou a tempestade (Mt 8,26), expulsou os demônios (Mt 8,32), curou os paralíticos (Mt 8,6), ressuscitou a filha de Jairo (Mt 9,25), o filho da viúva de Naim, chamou Lázaro do túmulo, já em estado de putrefação (Jo 11,43-44), transfigurou-se diante de Pedro, Tiago e João, no Monte Tabor (Mt 17,2) e ressuscitou triunfante dos mortos (Mt 28,6)...

Os Evangelhos narram 37 grandes milagres de Jesus, sem contar os que não foram escritos. Provou que era Deus!

Só Deus pode fazer essas obras! É por isso que São Paulo disse que:

"Nele habita corporalmente toda a plenitude da divindade." (Cl 2,9).

"Ele é a imagem do Deus invisível." (Cl 1,15).

São Pedro diz, como testemunha:

"Vimos a sua majestade com nossos próprios olhos." (2Pd 1,16).

Mas alguém poderia perguntar ainda, quem pode provar a veracidade dos Evangelhos?

Pois bem, a crítica Racionalista dos últimos séculos empreendeu com grande ardor o estudo crítico dos Evangelhos, com a sede maldosa de destruí-los.

A que conclusão chegaram esses racionalistas, materialistas, que empreenderam, com o mais profundo rigor da Ciência, cujo deus era a Razão, a análise sobre a autenticidade histórica dos Evangelhos?

Empregando os "métodos das citações", "das traduções", "o método polêmico", e outros, tentando desmascarar a "farsa" dos Evangelhos, chegaram à conclusão exatamente *oposta* a seus desejos e, por coerência científica, tiveram que afirmar como Renan, racionalista da França, na sua obra "Vie de Jesus":

"Em suma, admito como autênticos os quatro Evangelhos canônicos."

Harnack, racionalista alemão, foi obrigado a afirmar:

"O caráter absolutamente único dos Evangelhos é, hoje em dia, universalmente reconhecido pela crítica." (Jesus Cristo é Deus? José Antonio de Laburu, ed. Loyola e Cléofas).

Streeter, grande crítico inglês afirmou que:

"Os Evangelhos são, pela análise crítica, os que detém a mais privilegiada posição que existe."

Os mais exigentes críticos do século XIX, **Hort e Westcott**, foram obrigados a afirmar:

"As sete oitavas partes do conteúdo verbal do Novo Testamento não admitem dúvida alguma. A última parte consiste, preliminarmente, em modificações na ordem das palavras ou em variantes sem significação. De fato, as variantes que atingem a substância do texto são tão poucas, que podem ser avaliadas em menos da milésima parte do texto."

Finalmente os racionalistas tiveram que reconhecer a veracidade histórica, científica, dos Evangelhos:

"Trabalhamos 50 anos febrilmente para extrair pedras da cantaria que sirvam de pedestal à Igreja Católica?"

Enfim, os inimigos da fé, quiseram destruir os Evangelhos, e acabaram reconhecendo-os como os Livros mais autênticos, segundo a própria crítica racionalista.

Santa Teresinha, doutora da Igreja, dizia:

"É acima de tudo o Evangelho que me ocupa durante as minhas orações, nele encontro tudo que me é necessário para a minha pobre alma. Descubro nele sempre novas luzes, sentidos escondidos e misteriosos."

Os Livros Apócrifos

São aqueles livros que foram escritos pelo povo de Deus, mas que não foram considerados pelo Magistério da Igreja como revelados pelo Espírito Santo, e portanto, não são canônicos, isto é, não fazem parte do cânon (índice) da Bíblia. As razões que levaram a Igreja a não considerá-los como Palavra de Deus, é que muitos são fantasiosos sobre a pessoa de Jesus e outros personagens bíblicos, além de possuírem até heresias como o gnosticismo. Neles há algumas verdades históricas, e isto faz a Igreja considerá-los importantes nos estudos. Há livros apócrifos referentes ao Novo e ao Antigo Testamento. Alguns deles são os seguintes:

A. Referentes ao Antigo Testamento

O Pe. Caetano Minette, editor da RBB (Revista Bíblica Brasileira, CP 1577 — Fortaleza-CE, CEP: 60001-970), traduziu e publicou os apócrifos referentes ao Antigo Testamento, seguintes:

Jubileus

A Vida de Adão e Eva
1 Henoque

2 Henoque
Apocalipse de Abraão
Testamento de Abraão
Testamento de Isaac
Testamento de Jacó
Escada de Jacó
José e Asenet
Testamento dos Doze Patriarcas
Assunção de Moisés
Testamento de Jó
Salmos de Salomão
Odes de Salomão
Testamento de Salomão
Apocalipse de Elias
Ascensão de Isaías
Paralipômenos de Jeremias
Apocalipse Siríaco de Baruc
Apocalipse de Sofonias
Apocalipse de Esdras
Apocalipse de Sedrac
3 Esdras
4 Esdras
Sibilinos
Pseudo-Filon
3 Macabeus
4 Macabeus
Salmos 151-155
Oração de Manassés
Carta de Aristeu
As Dezoito Bênçãos
Ahigar
Vida dos Profetas
Recabitas

B. REFERENTES AO NOVO TESTAMENTO

EVANGELHOS

Evangelho segundo os Hebreus (gnóstico) — fim do século I.
Protoevangelho de Tiago (História do nascimento de Maria).
Evangelho do Pseudo Tomé.
O Evangelho de Pedro (docetismo) — meados do século II.
O Evangelho de Nicodemos.
Evangelho dos Ebionitas ou dos Doze Apóstolos — meados do século II.
Evangelho segundo os Egípcios — meados do século II.
Evangelho de André — século II/III.
Evangelho de Filipe — século II/III.
Evangelho de Bartolomeu — século II/III.
Evangelho de Barnabé — século II/III.

OUTROS ASSUNTOS

O drama de Pilatos
A morte e Assunção de Maria
A Paixão de Jesus
Descida de Jesus aos Infernos
Declaração de José de Arimateia
História de José o carpinteiro

ATOS

Atos de Pedro
Atos de Paulo
Atos de André
Atos de João
Atos de Tomé
Atos de Felipe

Atos de Tadeu

Epístolas

Epístolas de Barnabé
Terceira Epístola aos Coríntios — século II d.C.
Epístola aos Laodicenses — fim do século II d.C.
Carta dos Apóstolos — 180 d.C.
Correspondência entre Sêneca e São Paulo — século IV d.C.

Apocalipses

Apocalipse de Pedro — meados do século II
Apocalipse de Paulo — 380 d.C.
Sibila Cristã — século III

Isto mostra que a Igreja foi muito criteriosa na seleção dos livros que formariam a Bíblia, isto é, revelados, Palavra de Deus. Através da sua Tradição, interpretada pelo Magistério, a Igreja nos deu a Bíblia como a temos hoje. Portanto, sem a autoridade da Igreja ela não pode ser interpretada, pois não existiria a Bíblia, como a temos hoje, sem a Igreja.

A HISTÓRIA DO POVO JUDEU

Para se poder compreender o Antigo Testamento é importante que se conheça a história do povo hebreu, pois sabemos que é através deste povo que Deus se manifestou à humanidade, e preparou-a para receber o seu Filho amado.

A história do povo hebreu começou na região da Caldeia, hoje Iraque. Era uma região bem desenvolvida para aquela época, 4000 anos antes de Cristo (a.C.). Também havia outra grande civilização que era a do Egito. Entre a Caldeia e o Egito havia pequenos reinos, como a Síria e Canaã (Palestina). Já havia um código de leis, o Código do rei Hamurabi, por volta do ano 1800 a.C.

Ali vivia o patriarca do povo hebreu, Abrão, depois Abraão (Gn 17,1s). Deus o chamou para uma terra distante, tirando-o do meio dos pagãos que adoravam muitos deuses, para formar o "seu" povo, de onde nasceria o Salvador de toda a humanidade.

Para que o Verbo divino pudesse se encarnar e salvar a humanidade afastada de Deus pelo pecado, Deus preparou este povo durante cerca de 1800 anos. Esta é a longa e bela história que o Antigo Testamento nos conta, mostrando a ação de Deus.

Abraão, conduzido por Deus, deixa a cidade de Ur na Caldeia, e vem para a terra prometida por Deus, a Palestina, hoje Israel. Ali o povo de Abraão viveu muitos anos.

De Abraão com Sara nasceu Isaac; de Isaac com Rebeca nasceu Jacó, de Jacó e Raquel nasceram os 12 filhos que se tornaram depois as doze tribos de Israel (Rubem, Simão, Levi, Judá, Issacar, Zabulon, José, Benjamim, Dã, Neftali, Gad e Aser). É importante notar que o número 12 para os judeus se tornou importante, símbolo da plenitude. Por exemplo, Davi era descendente de Judá, a profetisa Ana era da tribo de Aser.

No tempo de Jacó na Palestina, uma grande fome assolou o povo judeu que precisou ir para o Egito, por volta do ano 1600 a.C. Deus providenciou isto aproveitando-se do pecado dos filhos de Jacó, os quais tinham vendido o irmão caçula José, por inveja, a mercadores que o levaram para o Egito.

Ali, pela graça de Deus, José se tornou grande e governador do Egito. Assim, Jacó pôde vir para a região do delta do rio Nilo, a mais próspera do Egito; ali o povo judeu ficou cerca de 400 anos.

Quando o faraó do Egito morreu, sua descendência escravizou o povo judeu. Deus libertou o seu povo daquela escravidão através de Moisés (Êxodo), por volta do ano 1250 a.C. fazendo o povo atravessar milagrosamente o mar Vermelho "a pé enxuto", o levou para o deserto, onde celebrou com o povo, através de Moisés, no monte Sinai, uma Aliança.

O sinal desta Aliança, que vigoraria até que chegasse Jesus Cristo, foram as tábuas da Lei. Ali, Deus escreveu "com o próprio dedo", os Mandamentos que o povo devia seguir sempre. Neste momento o povo celebrou a Páscoa, como um acontecimento a ser lembrado para sempre. O sinal da presença de Deus era a Arca da Aliança, dentro da qual estavam as tábuas da Lei.

Depois de caminhar 40 anos no deserto o povo chegou a Canaã, a terra prometida. Essa travessia poderia ter sido feita em apenas duas semanas, mas Deus deixou o seu povo peregrinar pelo deserto a fim de lhe purificar da idolatria, e para formá-lo segundo as suas leis, especialmente para aprender o monoteísmo (adorar o único Deus).

Israel conquistou a Palestina (Canaã, terra dos cananeus), por volta do ano 1200 a.C. atravessando o rio Jordão, sob o comando de Josué que sucedeu a Moisés. Israel tomou Jericó e conquistou a Palestina que foi então dividida em doze territórios de acordo com as doze tribos.

Houve muitas lutas contra os antigos povos dessa região, mas Israel, por vontade de Deus, ocupou Canaã. Foi o período dos Juízes, que vieram após Josué e duraram cerca de 200 anos, até cerca do ano 1000 a.C. Os juízes mais importantes foram Débora, Baraque, Jefté e Sansão.

Assim o povo hebreu aos poucos foi se organizando e formando um reino no meio dos seus vizinhos: moabitas, filisteus, jebuzeus, amorreus, etc. O último juiz, que também era profeta, Samuel, depois de alguma resistência, por ordem de Deus, sagrou o primeiro rei de Israel, Saul, por volta do ano 1000 a.C.

Saul foi apenas um rei pequeno e local, coube a Davi, seu sucessor, firmar o poder real, primeiro sobre a tribo de Judá, e depois sobre as demais tribos, tornando-se assim, de fato, o primeiro rei de todos os hebreus. Davi reinou 40 anos em Israel. A ele Deus prometeu através do profeta Natan que um dos seus descendentes seria o "Rei eterno" (2Sm 7, 1-17). Davi foi sucedido por seu filho Salomão, no ano 970 a.C.

Salomão fez aliança com Tiro e com o Egito e construiu o Templo de Jerusalém. O filho de Salomão, Roboão sucedeu-lhe depois de 40 anos; mas no ano 930 houve um grande desentendimento entre as doze tribos de Israel (Cisma) e o reino se dividiu em duas partes: as 10 tribos do Norte separaram-se das tribos do Sul, Judá e Benjamim.

Roboão tornou-se o rei das tribos do sul, Judá, com sede em Jerusalém, enquanto Jeroboão, também filho de Salomão tornou-se rei das tribos do Norte, com sede em Siquém na Samaria. Este foi o tempo dos profetas Elias (850 a.C.) e Eliseu.

Os profetas Isaías (primeira parte) e Miqueias (725 a.C.) atuaram junto às tribos de Judá, enquanto os profetas Elias, Eliseu, Amós, Oseias (750), atuaram junto ao reino do norte.

O reino do norte teve duração de aproximadamente 200 anos; no ano de 722 a.C., o rei da Assíria, Sargão II conquistou a Samaria e levou o povo, das tribos do norte, cativo para a Assíria. Gente da Mesopotâmia e da Síria foi trazida para a Samaria e se misturaram com os que ainda ali ficaram. Por isso é que os judeus eram inimigos dos samaritanos, pois os julgavam pagãos.

O reino de Judá, com a sede em Jerusalém, continuou a existir entre os reinos do Egito e da Assíria. Logo em seguida a Assíria foi dominada por Babilônia. A Assíria e a Babilônia formavam a chamada Mesopotâmia, hoje no Iraque.

Do período de 722 a.C. até a queda de Judá na mão dos Babilônios (578 a.C.), atuaram em Judá os profetas Jeremias, Sofonias, Naum, Habacuc e Ezequiel.

No ano de 622 a.C. o rei Josias, de Judá, agora Israel, promoveu uma grande reforma religiosa e social, mas de poucos resultados. Em 598 a.C. o rei Nabucodonosor, da Babilônia, que já tinha subjugado a Assíria no ano 612 a.C., ocupou Jerusalém, e fez da Judeia um estado vassalo (dependente) e levou parte da população para a Babilônia.

O rei, os grandes do reino, os chefes das empresas e sete mil guerreiros foram deportados para a Babilônia. Não se tratava propriamente de um cativeiro, mas de um exílio; os deportados receberam autorização para se estabelecerem onde quisessem, de cultivar a terra, de comerciar e de se dedicarem às indústrias e, até mesmo de se organizarem em comunidade.

O que mais lhes causava pesar, não era propriamente o cativeiro, mas as saudades da pátria e da vida religiosa e nacional, bem como a decepção de se verem vivendo no meio de pagãos. O salmo 136 mostra bem este desespero.

Infelizmente, sob a influência pagã, o povo judeu foi se corrompendo em seus costumes e foi adotando os ritos da idolatria dos babilônios. Foi então que surgiu o profeta Ezequiel, em 593 a.C. no exílio, antes da segunda deportação que ocorreu em 587 a.C.

Nabucodonosor deixou em Jerusalém, como vice-rei, Sedecias, que se revoltou contra a Babilônia. Por causa desta revolta, Nabucodonosor tomou novamente Jerusalém e a incendiou em 589 a.C. Quase todo o resto do povo foi levado para a Mesopotâmia em 587 a.C. ficando Jerusalém sob o governo dos caldeus. Foi a segunda deportação para a Babilônia.

No tempo do exílio atuaram os profetas Ezequiel e Abdias, e é desta época a segunda parte do livro de Isaías.

Algum tempo depois, no ano 538 a.C., o rei da Pérsia, Ciro, tomou a Babilônia, e assinou um Edito autorizando os judeus a voltarem para Jerusalém sob os cuidados de Zorobabel. Os persas não colocaram dificuldades para Israel viver o seu culto a Deus, mas após a volta foi um período difícil para Israel.

Os que voltaram do exílio foram mal recebidos pelos que estavam na Judeia, e foi difícil a reconstrução das muralhas da cidade e do Templo profanado e destruído. Foi um período sem reis, em que o povo procurou organizar-se como uma comunidade religiosa.

Após o exílio atuaram o governador Neemias e o sacerdote Esdras, que tiveram um papel muito importante na vida de Israel. Nessa época atuaram os profetas Ageu (520 a.C.), Zacarias (520 a.C.), Abdias, Malaquias, Joel, e a última parte de Isaías (11 últimos capítulos).

Graças à ação dos profetas, Israel, um povo pequeno e sem qualquer expressão, se tornou fiel a Deus, mesmo no exílio. Os profetas foram os primeiros personagens a revelarem o rumo e o sentido da História, apontando para o futuro Messias. Eles souberam mostrar que no mundo só haverá harmonia quando a vontade dos homens se unir à santa vontade de Deus. É uma lição que o mundo ainda não aprendeu. Souberam mostrar a Israel que ele era o que devia ser um dia toda a humanidade resgatada, "sacerdócio régio, nação santa, povo escolhido".

No ano de 338 a.C. a Palestina inteira foi conquistada por Alexandre Magno rei da Macedônia, que venceu os persas em 331 a.C. (batalha de Arbelas) que dominavam a Palestina no tempo da volta do exílio. Alexandre teve vida curta (†323 a.C.) e seus generais e as suas dinastias passaram a governar os territórios que ele deixou, dividindo entre eles o grande império grego.

Ptolomeu I Lago ficou com o Egito e, a partir de 295 a.C. com a terra de Judá. O domínio desta família se estendeu até o ano 198 a.C. sem incômodos religiosos para Israel, exceto no reinado de Ptolomeu IV, de 221 a 203 a.C. Em 198 a.C., Antíoco III, que reinava na Síria, venceu Ptolomeu IV na batalha de Panion, e passou a dominar a Palestina. Não atrapalhou a vida religiosa dos judeus e respeitou o Templo. O seu sucessor Seleuco IV (187-175), também deixou os judeus em paz religiosa até o último ano do seu reinado quando tentou depredar o Templo de Jerusalém (2Mc 3,1-40).

O rei seguinte, Antíoco IV Epífanes (175-163), ocupou Jerusalém e quis impor aos judeus costumes pagãos (a helenização), com anfiteatros, estádios esportivos, consumo de carne de porco, etc. Antíoco IV Epífanes profanou o Templo ao construir nele um altar ao deus Zeus (Júpiter).

O sacerdote Matatias levantou-se como chefe de guerrilha e guerra santa contra os sírios, com os seus filhos João, Simão, Judas, Eleazar e Jônatas (1Mc 2,1-4). Foi a época da revolta dos Macabeus; liderados por Judas Macabeu (166–160 a.C.), Jônatas (160-142 a.C.) e Simão (142-134 a.C.), que saíram vitoriosos e a Judeia viveu 130 anos de independência, o que aconteceu poucas vezes.

É desta época (160 a.C.) o surgimento na Palestina de uma espécie de ordem monástica chamada "filhos da luz", ou essênios, que viveram fora do mundo, no deserto. Por volta do ano 140 a.C., o seu chefe, que chamavam de "mestre da justiça", fundou uma colônia às margens do mar Morto, em Qumran. Era uma grande comunidade com cerca de 4000 pessoas, aguardavam ansiosamente a chegada do Messias e estavam certos de que no dia do juízo, todos morreriam, menos eles.

Em 1947 foram descobertos preciosos documentos que esses monges esconderam quando Israel foi arrasado pelo general romano Tito em 70 d.C. Os essênios desapareceram após a guerra da Judeia com Roma (66–70 d.C.).

De 134-104 a.C. reinou na Judeia João Hircano, filho de Simão Macabeu; Aristóbulo I, filho de João Hircano; de 103-76 a.C. reinou Alexandre Janeu, filho de João Hircano; de 76-67 a.C. reinou Alexandra, neta de Alexandre Janeu; de 67-63 a.C. reinou Aristóbulo II, filho de Alexandre Janeu, quando o general romano Pompeu invadiu a Judeia.

Sob o domínio dos romanos, reinou de 63-40 a.C., Hircano II, filho de Alexandre Janeu; em 40 a.C. os partos invadiram a Judeia. De 37-4 a.C. Herodes, o Grande, reinou na Judeia.

No ano de 140 a.C. foi coroado rei sumo-sacerdote Simão Asmoneu, e Israel restabeleceu as fronteiras do tempo de Salomão. A sua administração estava nas mãos da família de Matatias (os Asmoneus ou Macabeus), que infelizmente não foram bons governantes, tornaram-se déspotas medíocres, e com o tempo foram cedendo aos costumes pagãos.

Além disso, os Asmoneus não eram descendentes de Davi, por isso eram apenas tolerados pelo povo. Os fariseus, que observavam criteriosamente a Lei, tentaram depor a dinastia que estava no poder, mas foram sufocados e centenas de fariseus foram crucificados pelo rei Alexandre Janeu, pai de Hircano e Aristóbulo.

Os estudiosos acreditam que é da época dos Macabeus o livro de Daniel. Um autor piedoso quis alentar os judeus perseguidos recapitulando a história dos últimos séculos e apresentando a época como próxima da vinda do Messias libertador de Israel (Dn 7,13s).

Por volta do ano 60 a.C., dois irmãos disputavam o trono de Jerusalém, Aristóbulo e Hircano. No ano 63 a.C., o general romano Pompeu, o Grande, invadiu a Palestina, saqueou o Templo de Jerusalém, e transformou a Terra santa numa província romana. A Judeia foi então colocada sob a direção do governador romano da Síria e dividida em quatro partes (tetrarquias). Júlio César, movido por Antípatro, fez de Hircano sumo-sacerdote hereditário e etnarca, ou regente, da Judeia.

Antípatro recebeu cidadania romana, isenção de impostos e o cargo de administrador da Judeia, e era de fato quem exercia o poder. Em 47 a.C. nomeou seu filho Fasael, governador, ou tetrarca, da Judeia, enquanto outro filho, Herodes, de vinte e cinco anos, se tornava tetrarca da Galileia. Antípatro, seu pai, sabia agradar o povo; induziu César a conceder aos judeus boas condições de vida: retirou as guarnições romanas e conseguiu a liberdade religiosa e jurídica para o povo.

Os judeus puderam reconstruir os muros de Jerusalém, arrasados por Pompeu em 67 a.C. Neste período, Herodes conseguiu libertar a Galileia dos bandos de salteadores, que eram um flagelo na região, e executou Ezequias o chefe dos bandidos, o que era prerrogativa somente do Sinédrio, tribunal máximo dos judeus.

Herodes foi, então, demitido pelo Sinédrio. Foi para a Síria inferior e conseguiu ser nomeado em Damasco governador romano desta região. Depois casou-se com Mariana, filha de Hircano, e assim se tornou membro da família real judia.

No ano de 40 a.C., o Senado romano outorgou o título de rei da Judeia ao príncipe idumeu Herodes, o Grande, amigo e protegido de César, por ter César sido ajudado por Antípatro, pai de Herodes, numa situação de guerra muito difícil no Egito. Mas só no ano 37 a.C. Herodes conseguiu, com a ajuda dos romanos, tomar Jerusalém.

Foi este Herodes, chamado de o Grande, que mandou matar os inocentes no tempo do menino Jesus. Morreu no ano 4 a.C. Não confundir com Herodes Ântipas (o "tetrarca Herodes"), seu filho, que mandou degolar João Batista, já por volta do ano 30 d.C. Herodes, o Grande, reconstruiu a fortaleza de Baris em Jerusalém, em 20 a.C., reconstruiu e ampliou o Templo de Jerusalém que Zorobabel construiu na volta do exílio. Reconstruiu a cidade de Samaria e deu-lhe o nome de Sebastié, o equivalente do nome grego Augusta. Herodes mandou matar sua esposa Mariana, a quem "muito amava", e os filhos Antípatro, Aristóbulo e Alexandre. Sobraram Ântipas, Filipe e Arquelau. Arquelau tornou-se mais tarde etnarca da Judeia por dez anos (4 a.C. – 6 d.C.), por César Augusto, e Ântipas tetrarca da Galileia e da Pereia (terras a leste do Jordão) (4 a.C. – 39 d.C.).

Filipe tornou-se governador de três regiões do reino, entre elas a Cesareia de Filipe, citada em Mateus (16,16s). Herodes Agripa I sucedeu a Herodes Ântipas na tetrarquia da Galileia de Pereia, nomeado pelo Imperador romano. Os Herodes eram educados em Roma.

No tempo do nascimento de Jesus, dos quatro milhões de judeus, cerca de três milhões viviam em terras estrangeiras. Esse fenômeno foi chamado de Diáspora ou dispersão. Esses judeus, fora da Palestina, traduziram a bíblia para o grego, especialmente em Alexandria no Egito, já que se falava o grego em todo o território dos romanos.

Com a queda do brutal Arquelau em 6 d.C., a Judeia foi transformada por César Augusto em província romana com um procurador romano a governá-los nos anos 6 a 41 d.C.; o que foi para os judeus um golpe esmagador. Os judeus não cessaram de buscar a sua independência, e sempre surgiam insurreições contra os romanos.

O procurador romano nomeava o sumo sacerdote dos judeus, que era o chefe do Sinédrio. O quinto procurador romano da Judeia foi Pôncio Pilatos (27-37 d.C.) nomeado por Tibério sucessor de César Augusto. Do ano 37 a 44 d.C., a Judeia e a Samaria foram governadas por Herodes Agripa I, sobrinho de Herodes Ântipas (o "tetrarca Herodes"). Foi Agripa quem perseguiu os cristãos, matou o apóstolo Tiago maior, e prendeu Pedro (At 12,1-23).

Agripa I deixou os filhos Marcos Júlio Agripa (Agripa II), Berenice e Drusila. Da morte de Agripa I (44 d.C.) até a queda de Jerusalém (70 d.C.) foi um período muito violento para Israel.

O Imperador romano Claudio impôs novamente um procurador romano (Cáspio Fábio) para governar a Judeia, o que não foi bom; em 52 d.C. o procurador Antonio Félix governou a Judeia (At 23,24); foi sucedido em 60 d.C. por Pórcio Festo.

No ano 48 d.C. o Imperador Cláudio colocou Agripa II, filho de Agripa I, que tornou-se mais poderoso quando Nero em 54 d.C. tornou-se Imperador romano.

Por causa das insurreições, no ano 70 d.C., o general romano Tito invadiu e destruiu Jerusalém, terminando aí a história dos antigos israelitas.

Jesus nasceu antes do ano 5 da nossa era, sendo Imperador de Roma Tibério. Devido a um pequeno erro cometido pelo monge Dionísio, que na Idade Média, marcou o ano zero. Jesus morreu provavelmente no ano 30 da nossa era.

Livros do Antigo Testamento e tempos a que se referem

Para que você possa entender melhor a Bíblia é bom conhecer a época a que pertence cada livro, especialmente os do Antigo Testamento. Vamos resumi-los a seguir. Assim você vai descobrindo, de livro a livro, a "marcha ascendente da revelação" de Deus até Jesus Cristo.

DA ORIGEM À REALEZA (1800–1000 a.C.): Gênesis, Êxodo, Levítico, Número, Deuteronômio, Josué, Juízes, I e II Samuel, I e II Reis.

NO TEMPO DOS REIS (1000–587 a.C.): Amós (760), Oseias (750), Isaías (primeira parte, 39 primeiros capítulos, 760), Miqueias (725), Naum (625), Sofonias (625), Habacuc (605), Jeremias (600).

NO TEMPO DO EXÍLIO (587–538 a.C.): Lamentações, Ezequiel, Abdias e a Segunda parte do livro de Isaías (capítulos 40 a 55).

APÓS O EXÍLIO (537–175 a.C.): I e II Crônicas, Esdras, Neemias, Eclesiástico (200), Eclesiastes (250) e Cântico dos Cânticos, Provérbios, Ageu e Zacarias (520), Malaquias (440), Joel e Jonas, Rute, Tobias, Judit, Ester, Jó (500).

A ÉPOCA DOS MACABEUS (175–140 a.C.): Sabedoria, Baruc, Daniel, I e II Macabeus.

CONSTITUIÇÃO APOSTÓLICA DEI VERBUM
SOBRE A REVELAÇÃO DIVINA

Através da *Dei Verbum* o Concílio Vaticano II quis ensinar a todos como entender a revelação de Deus aos homens, através da Bíblia e da Tradição.

Vamos destacar aqui alguns parágrafos básicos para se compreender bem a Bíblia, segundo o Magistério e a Tradição. É preciso ler com muita atenção esses parágrafos.

O ideal é que você leia na íntegra a *Dei Verbum*. Algumas edições da Bíblia (Ave Maria) trazem no início o seu texto integral. Estude-o atentamente, pois é uma Constituição dogmática, isto é, sem erro, indispensável para quem deseja entender bem o que seja a Revelação de Deus.

TRANSMISSÃO DA DIVINA REVELAÇÃO
OS APÓSTOLOS E SEUS SUCESSORES,
PREGOEIROS DO EVANGELHO

Em sua extrema benignidade, Deus tomou providências a fim de que aquilo que Ele revelara para a salvação de todos os povos se conservasse inalterado para sempre e fosse transmitido a todas as gerações. Por isso, o Cristo Senhor, em quem se completa toda a revelação do Sumo Deus (cf. 2Cor 1,20; 3,16-4,6), ordenou aos Apóstolos que o Evangelho, prometido antes pelos Profetas, completado por Ele e por Sua própria boca promulgado, fosse por eles pregado a todos os homens como fonte de toda verdade salvífica e de toda disciplina de costumes, comunicando-lhes dons divinos. E isto foi fielmente executado, tanto pelos Apóstolos, que na pregação oral, por exemplos e instituições, transmitiram aquelas coisas que receberam das palavras, da convivência e das obras de Cristo ou que aprenderam das sugestões do Espírito Santo, como também por aqueles Apóstolos e varões apostólicos que, sob inspiração do mesmo Espírito Santo, puseram por escrito a mensagem da salvação.

Mas para que o Evangelho sempre se mantivesse inalterado e vivo na Igreja, os Apóstolos deixaram como sucessores os Bispos, a eles "transmitindo o seu próprio encargo de Magistério" (Santo Irineu, Adv. Haer. III, 3,1). Portanto, esta Sagrada Tradição e a Sagrada Escritura de ambos os Testamentos são como que o espelho em que a Igreja peregrinante na terra contempla a Deus, de Quem tudo recebe, até que chegue a vê-lo face a face como é (1Jo 3,2).

A Sagrada Tradição

Assim a pregação apostólica, expressa de modo especial nos livros inspirados, devia conservar-se sem interrupção até a consumação dos tempos. Por isso, os Apóstolos transmitindo aquilo que eles próprios receberam (cf. 1Cor 11,23; 15,3), exortam os fiéis a manter as tradições que aprenderam seja oralmente, seja por carta (cf. 2Ts 2,15) e a combater pela fé uma vez transmitida aos santos (cf. Jd 3). Quanto à Tradição recebida dos Apóstolos, ela compreende todas aquelas coisas que contribuem para santamente conduzir a vida e fazer crescer a fé do Povo de Deus, e assim a Igreja, em sua doutrina, vida e culto, perpetua e transmite a todas às gerações tudo o que ela é, tudo o que crê.

"Esta Tradição, oriunda dos Apóstolos, progride na Igreja sob a assistência do Espírito Santo. Cresce, com efeito a compreensão tanto das realidades como das palavras transmitidas, seja pela contemplação e estudo dos que creem, seja pela íntima compreensão que desfrutam das coisas espirituais, seja pela pregação daqueles que com a sucessão do episcopado receberam o carisma autêntico da verdade. É que a Igreja no decorrer dos séculos, tende continuamente para a plenitude da verdade, até que se cumpram nela as palavras de Deus."

O ensinamento dos Santos Padres testemunha a presença vivificante dessa Tradição, cujas riquezas se transfundem na praxe e na vida da Igreja que crê e ora.

"Pela mesma Tradição torna-se conhecido à Igreja o Cânon (índice) completo dos livros sagrados e as próprias Sagradas Escrituras são nela cada vez melhor compreendidas e se fazem sem cessar atuantes. E assim, o Deus que outrora falou, mantém um permanente diálogo com a Esposa do seu dileto Filho, e o Espírito Santo, pelo qual a voz viva do Evangelho ressoa na Igreja, e através da Igreja ao mundo, leva os fiéis à verdade toda e faz habitar neles abundantemente a palavra de Cristo (cf. Cl 3,16)."

Relação entre a Tradição e a Sagrada Escritura

"A Sagrada Tradição e a Sagrada Escritura estão, portanto, estreitamente conexas e interpenetradas. Ambas promanam da mesma fonte divina, formam de certo modo um só todo e tendem para o mesmo fim. Com efeito a Sagrada Escritura é a fala de Deus enquanto é redigida sob a moção do Espírito Santo; a Sagrada Tradição por sua vez, transmite integralmente aos sucessores dos Apóstolos a Palavra de Deus confiada por Cristo Senhor e pelo Espírito Santo aos Apóstolos. Resulta, assim, que não é através da Escritura apenas que a Igreja consegue a sua certeza a respeito de tudo o que foi revelado. Por isso, ambas — Tradição e Escritura — devem ser recebidas e veneradas com igual sentimento de piedade e reverência."

Relação da Tradição e da Bíblia com a Igreja e o Magistério

"A Sagrada Tradição e a Sagrada Escritura constituem um só sagrado depósito da Palavra de Deus confiado à Igreja. Em se lhe apegando firmemente, o povo santo todo, unido a seus Pastores, persevera continuamente na doutrina dos Apóstolos e na comunhão, na fração do pão e nas orações (cf. At 1,42), de sorte que se verifica, da parte de Antístites e de fiéis, uma singular convergência no conservar, praticar e professar a fé transmitida.

"O ofício de interpretar autenticamente a Palavra de Deus escrita ou transmitida, foi confiado unicamente ao Magistério vivo da Igreja, cuja autoridade se exerce em nome de Jesus Cristo... É deste único depósito da fé que o Magistério tira tudo aquilo que propõe como verdade de fé divinamente revelada.

Fica, portanto, claro que segundo o sapientíssimo plano divino a Sagrada Tradição, a Sagrada Escritura e o Sagrado Magistério da Igreja estão de tal maneira entrelaçados e unidos, que um perde sua consistência sem o outro, e que juntos, cada qual a seu modo, sob a ação do Espírito Santo, contribuem eficazmente para a salvação das almas".

Inspiração Divina da Bíblia e sua Interpretação
Inspiração e verdade na Sagrada Escritura

"As coisas divinamente reveladas, que se encerram por escrito na Sagrada Escritura e nesta se nos oferecem, foram consignadas sob o influxo do Espírito Santo. Pois a Santa Mãe Igreja, segundo a fé apostólica, tem como sagrados e canônicos os livros completos tanto do Antigo como do Novo Testamento, com todas as suas partes, porque, foram escritos sob a inspiração do Espírito Santo (cf. Jo 20,31; 2Tm 3,16; 2Pd 1,19-21; 3,15-16), eles têm em Deus o seu autor e nesta sua qualidade foram confiados à mesma Igreja. Na redação dos livros sagrados Deus escolheu homens, utilizou-se deles sem tirar-lhes o uso das próprias capacidades e faculdades, a fim de que, agindo Ele próprio neles e por eles, consignassem, por escrito, como verdadeiros autores, aquilo tudo e só aquilo que Ele próprio quisesse.

Portanto, já que tudo o que os autores inspirados ou os hagiógrafos afirmam deve-se considerar *afirmado* pelo Espírito Santo; segue-se que devemos confessar que os livros da Escritura ensinam inconcussamente, fielmente e sem erro a verdade que Deus, para a nossa salvação, quis que fosse consignada por escrito. Por isso, toda a Escritura é inspirada por Deus, é útil para ensinar, para repreender, para corrigir e para formar na justiça. Por ela, o homem de Deus se torna perfeito, capacitado para toda boa obra (2Tm 3,16-17)."

Como interpretar a Sagrada Escritura

"Entretanto, já que Deus na Sagrada Escritura falou através de homens e de modo humano, deve o intérprete da Sagrada Escritura, para bem entender o que Deus nos quis transmitir, investigar atentamente o que foi que os hagiógrafos de fato quiseram dar a entender e por suas palavras aprouve a Deus manifestar.

Para descobrir a intenção dos hagiógrafos, deve-se levar em conta, entre outras coisas, também os "gêneros literários". Pois a verdade é apresentada e expressa de maneiras bem diferentes nos textos de um modo ou outro históricos, ou proféticos, ou poéticos, bem como em outras modalidades de expressão. Ora, é preciso que o intérprete pesquise o sentido que, em determinadas circunstâncias, o hagiógrafo, conforme a situação de seu tempo e de sua cultura, quis exprimir e exprimiu por meio de gêneros literários então em uso. Pois, para entender corretamente aquilo que o autor sacro teve intenção ao afirmar por escrito, é necessário levar devidamente em conta tanto as nossas maneiras comuns e espontâneas de pensar, falar e contar, as quais já eram correntes no tempo do hagiógrafo, como a que costumavam empregar-se no intercâmbio humano daquelas eras.

Mas como a Sagrada Escritura deve ser também lida e interpretada naquele mesmo Espírito em que foi escrita, para bem captar os sentidos dos textos sagrados, deve-se atender com não menor diligência ao conteúdo e à unidade de toda a Escritura, levando em conta a Tradição viva da Igreja toda e a analogia da fé. Cabe aos exegetas trabalhar esforçadamente dentro destas diretrizes para mais aprofundadamente entender e expor o sentido da Sagrada Escritura, a fim de que, por seu trabalho de certo modo amadureça o julgamento da Igreja. Pois tudo o que concerne à maneira de interpretar a Escritura, está sujeito em última instância ao juízo da Igreja, que exerce o mandato e o ministério divino de guardar e interpretar a Palavra de Deus."

O Antigo Testamento

"Mas a economia da salvação, prenunciada, narrada e explicada pelos autores sagrados, subsiste como verdadeira palavra de Deus nos livros do Antigo Testamento. Eis porque esses livros divinamente inspirados conservam um valor perene: "Tudo quanto outrora foi escrito, foi escrito para a nossa instrução, a fim de que, pela perseverança e pela consolação que dão as Escrituras, tenhamos esperança." (Rm 15,4).

Os livros do Antigo Testamento, em conformidade com a condição do gênero humano dos tempos anteriores à salvação realizada por Cristo, manifestam a todos o conhecimento de Deus e do homem e os modos pelos quais o justo e misterioso Deus trata com os homens. Estes livros, embora contenham também algumas coisas imperfeitas e transitórias, manifestam, contudo, a verdadeira pedagogia divina. Por isso, devem ser devotamente recebidos pelos cristãos esses livros que exprimem um sentido vivo de Deus e uma salutar sabedoria concernente à vida do homem e admiráveis tesouros de preces, nos quais enfim está latente o mistério de nossa salvação.

Unidades dos dois Testamentos

"Deus, pois, inspirador e autor dos livros de ambos os Testamentos, de tal modo dispôs sabiamente que o Novo estivesse latente no Antigo e o Antigo no Novo se aclarasse (Santo Agostinho). Com efeito, embora Cristo tenha estabelecido uma Nova Aliança em seu sangue (cf. Lc 22,20; 1Cor 11,25), os livros todos do Antigo Testamento, recebidos na pregação evangélica, obtêm e manifestam seu sentido completo no Novo Testamento (cf. Mt 5,17; Lc 24,27; Rm 16,25-26; 2Cor 3,14-16), e por sua vez o iluminam e explicam."

O Novo Testamento

"Que os quatro Evangelhos têm origem apostólica, a Igreja sempre e em toda parte o ensinou e ensina. Pois, aquilo que os apóstolos pregaram por ordem de Cristo, eles próprios e os varões apostólicos sob a inspiração do Espírito Santo no-lo transmitiram em escritos que são o fundamento da fé, a saber, o quadriforme Evangelho – segundo Mateus, Marcos, Lucas e João."

Índole Histórica dos Evangelhos

"A Santa Mãe Igreja firme e constantemente creu e crê que os quatro mencionados Evangelhos, cuja historicidade afirma sem hesitação, transmitem fielmente aquilo que Jesus, filho de Deus, ao viver entre os homens, realmente fez e ensinou para a salvação deles, até o dia em que foi elevado (cf. At 1,1-2). Os Apóstolos, após a ascensão do Senhor, transmitiram aos ouvintes aquilo que Ele dissera e fizera, com aquela mais plena convicção de que gozavam, instruídos que foram pelos gloriosos acontecimentos concernentes a Cristo e esclarecidos pela luz do Espírito da Verdade. Os autores sagrados escreveram os quatro Evangelhos, escolhendo certas coisas das muitas transmitidas oralmente ou já por escrito, fazendo síntese de outras ou explanando-as com vistas à situação das Igrejas, conservando enfim a forma de proclamação, sempre de maneira a transmitir-nos verdades autênticas a respeito de Jesus. Pois foi esta a intenção com que escreveram, seja com fundamento na própria memória e recordações, seja baseado no testemunho daqueles que foram desde o princípio testemunhas oculares e que se tornaram ministros da Palavra, para que conheçamos a solidez daqueles ensinamentos que temos recebido (Lc 1,2-4)."

É fundamental que você releia atentamente cada um desses parágrafos para que possa entender muito bem o que a Igreja quer nos ensinar sobre esta questão fundamental para a nossa vivência religiosa, que é a Revelação de Deus.

Resumo dos livros do Antigo Testamento

O Pentateuco – é o nome dado aos cinco primeiros livros da Bíblia (Gn, Ex, Lv, Nm, Dt) e constituem a Lei de Moisés ou Torá.

Gênesis

Por causa da sua grande importância para compreendermos a origem do homem e do mundo, além da queda pelo pecado original, vamos explicar com mais detalhes este livro precioso e cheio de revelações importantes. Ele pode ser lido por extenso; contém as mais veneráveis e solenes páginas da Bíblia.

Narra as origens do homem e do mundo criados por Deus, e apresenta-nos a maravilhosa história dos Patriarcas: Abraão, Isac e Jacó. A mensagem deste livro é importantíssima. Entre outras coisas traz a revelação de Deus sobre os seguinte pontos:

1. Deus é o Criador do mundo e do homem.

2. Deus é distinto do universo; quer dizer, não existe o Panteísmo, que defende que Deus e o mundo são a mesma coisa; e vê o mundo apenas como uma "emanação de Deus".

3. O mundo é bom.

4. O mundo criado manifesta a glória e a paz de Deus.

5. O homem foi criado da terra, mas foi animado de um espírito de vida (alma) imortal, criado e dado por Deus.

6. O homem foi criado para viver na amizade de Deus.

7. O homem foi criado livre.

8. A harmonia primitiva foi destruída pelo pecado da desobediência a Deus. O homem tem a vã esperança de ser Deus (pecado original).

9. O homem foi excluído do Paraíso.

10. Deus faz a Promessa de Redenção da humanidade através da Mulher (Gn 3,15).

11. O homem foi dominado pelo pecado e o mal se generaliza: Caim, Torre de Babel, Sodoma e Gomorra, etc.

12. Deus faz uma primeira aliança com o homem através de Noé.

13. Deus continua a aliança com Abraão, Isac e Jacó.

Os capítulos de 1 a 11 do Gênesis formam a "pré-história" bíblica, por se referir a acontecimentos anteriores à história bíblica, que começou com o Patriarca Abraão (1850 a.C.).

O gênero literário deste livro é o da história religiosa da humanidade primitiva. O autor sagrado não quis ensinar verdades científicas, mas apenas apresentou verdades religiosas através de uma linguagem figurada, simbólica.

A imagem do mundo para o autor sagrado, naquele tempo, era diferente da nossa. A terra era entendida como se fosse uma mesa plana, não uma esfera como sabemos hoje. Esta mesa estava apoiada sobre colunas; abaixo havia as águas de onde brotavam as fontes, e também a região dos mortos chamada de Cheol. A luz era entendida como se não dependesse do sol ou das estrelas. Portanto, é preciso ter bem claro que o autor sagrado não escreveu como um cientista, mas como alguém inspirado por Deus para nos revelar verdades religiosas. Não se deve então, buscar no Gênesis resposta para perguntas como: Com quem se casou Caim? Onde fica o Paraíso terrestre? Como surgiram as raças e as cores diferentes dos homens?, etc.

Como sabemos há duas fontes que se juntaram para formar o Gênesis; uma do século V a.C. (fonte Sacerdotal, P), e outra do século X a.C. (fonte Javista, J).

O relato bíblico não quer explicar cientificamente como o homem surgiu, mas apenas dizer que ele e a mulher foram ambos criados por Deus, e com igual dignidade. Ele usou a imagem do Deus oleiro, que fez o homem de argila, porque o oleiro era uma figura muito comum naquele tempo. É apenas uma metáfora. Ele quer dizer que assim como o barro está para o oleiro, assim o homem está para Deus.

Sobre a origem do homem a Igreja aceita que pode o homem ter tido origem em um primata (não os macacos que conhecemos hoje, e que não evoluem). Quando o corpo desse primata estava suficientemente evoluído ou organizado, Deus lhe infundiu uma alma espiritual, criada diretamente pelo próprio Deus. Isto terá ocorrido tanto para o homem como para a mulher.

Sobre o universo podemos entender que a matéria-prima inicial de onde terá procedido a evolução, foi criada por Deus, que nela colocou as leis da evolução, surgindo os minerais, vegetais e animais irracionais até o homem. Caberá à ciência explicar isto tudo com mais detalhes; o que importa é que Deus criou a alma imortal do homem.

Quanto ao número de indivíduos que houve na origem do mundo, a Igreja aceita que se pesquise sobre duas hipóteses que não contrariam a Bíblia: o poligenismo, um só tronco da humanidade com vários casais; e o monogenismo, um só casal. Não se coaduna com a fé e com a ciência a hipótese de vários troncos ou berços da humanidade em locais diferentes (polifiletismo).

A palavra hebraica Adam significa homem; não é um nome próprio como Pedro, Ricardo, etc. Quando o autor sagrado diz que Deus fez Adam, ele queria dizer que Deus fez o homem, o ser humano, não necessariamente um só. Adam não significa um indivíduo, mas a espécie humana. O nome Eva também não é nome próprio como Maria, Teresa, etc., significa "mãe dos vivos" (Gn 3,20). Ainda hoje a ciência não chegou a elucidar a origem do homem.

No entanto, seria falso dizer que Adão e Eva não existiram, ou que são apenas uma fábula da Igreja. São tão reais como a humanidade é real.

Com relação às várias raças, cores, etc., também a ciência poderá um dia explicar, mas não é necessário que se recorra ao polifiletismo; pode-se explicar a partir de um só princípio, devido às variações de clima, alimentação, tipo de trabalho, etc., e também por causa do fenômeno chamado mutacionismo, que são as mudanças bruscas em indivíduos raros, e que depois se transmitem estavelmente. Com o avanço da genética, talvez algumas coisas poderão ser explicadas.

O Paraíso Terrestre

O Paraíso terrestre, segundo o texto bíblico, quer revelar que o homem criado por Deus gozava de um estado de graça, harmonia e felicidade, participando da filiação divina. Não se deve procurar na Bíblia o lugar deste Paraíso na terra; é mais a indicação de um estado de vida, onde o homem gozava dos dons preternaturais:

1. A imortalidade (Gn 2,17; 3,3s,19); isto é, a morte entrou no mundo por causa do pecado; sem este o homem não morreria de maneira dolorosa como hoje ocorre.

2. A impassibilidade ou ausência de sofrimento, pois o sofrimento é consequência do pecado (Gn 3,16; Rm 6,23).

3. A integridade, isto é, estaria livre da concupiscência da carne (tendência ao pecado), (Gn 2,25; 3,7-11). Os seus instintos estavam submissos à razão e à fé.

4. Ciência moral infusa, que os tornava aptos a assumir as suas responsabilidades diante de Deus.

O Gênesis fala de duas árvores, a da ciência do bem e do mal, e a da vida (Gn 2,9). A árvore era um símbolo religioso muito frequente na antiguidade, e o próprio Jesus muito usou desta imagem ("Eu sou o tronco, vós os ramos", Jo 15).

A árvore da ciência do bem e do mal simboliza que o homem deveria submeter-se à vontade do seu Criador, mesmo sem compreender os pormenores conhecidos só por Deus. Quanto à árvore da vida, pode-se crer que ela dava ao homem o fruto da vida perpétua ou o sacramento da imortalidade; o homem saberia assim que a imortalidade é um dom de Deus.

O PECADO ORIGINAL

O livro da Sabedoria nos revela que "Deus criou o homem para a imortalidade, e que é por causa da inveja do demônio que a morte entrou no mundo" (Sb 2,23-24); e Jesus, referindo-se ao Gênesis 3, chama o demônio de "homicida desde o início, mentiroso e pai da mentira" (Jo 8, 44). O escritor sagrado quis simbolizar o demônio com a figura da serpente porque na antiguidade ela era o símbolo dos homens maus (Gn 49,17; Is 59,5; Mq 7,17; Jó 20,14-17; Sl 140,4).

Para os cananeus a serpente era também a divindade associada à vida e à fecundidade. Certamente isto influenciou o escritor sagrado, pois os cananeus eram antigos moradores da terra de Israel. Então, para os israelitas, a imagem da serpente advertia contra o perigo de cair na idolatria aos deuses dos pagãos. Não é preciso acreditar que a mulher viu e conversou com a serpente; o que ocorreu foi interiormente, como acontece quando somos tentados pelo demônio.

O comer da fruta proibida significa que o homem e a mulher, tentados, desobedeceram a Deus, não aceitaram o modelo de vida que Deus os havia dado. Quiseram "ser como Deus", sem Deus. A raiz do pecado foi a soberba. Notemos o que disse a serpente: "No dia em que comerdes... os vossos olhos se abrirão e sereis como Deus, versados no bem e no mal" (Gn 3,5).

O homem quis ser como Deus, capaz de definir o que é bem e o que é o mal, sem se submeter a Deus, sem ter que pedir normas a Deus. Note que a soberba é o pecado do espírito, o único que os anjos e os primeiros homens podiam cometer, já que não estavam sujeitos aos desregramentos das paixões.

Nada houve portanto de pecado sexual no pecado original. O pecado sexual só vai aparecer depois do pecado original, como uma de suas consequências, e não antes.

As consequências do pecado original foram terríveis, tanto para os nossos primeiros pais como para os descendentes. Eles perderam o estado de santidade (participação da vida divina) e o estado de justiça (harmonia perfeita consigo, com a mulher, com o mundo, com os animais e com Deus). Perderam os dons preternaturais que mostramos antes, e não puderam mais transmitir esses dons aos descendentes. Logo, o pecado original, que nascemos com ele, é um pecado de carência e não um pecado de culpa; por isso Jesus veio nos salvar gratuitamente.

Segundo o Gênesis, o pecado causou também a desarmonia do mundo em que o homem vive, e é seu senhor. Tendo-se rebelado contra Deus, o homem sente a rebelião das criaturas inferiores que lhe foram submissas por Deus. Mas Deus promete a salvação desde o Gênesis (3,14s), ao dizer ao demônio que ele vai "rastejar e comer o pó da terra e ter a cabeça esmagada pela Mulher".

Os Padres da Igreja chamaram este texto de protoevangelho; primeiro Evangelho. Esta imagem significa a derrota do tentador. Os antigos colocavam os inimigos vencidos no chão e pisavam-nos com os pés. O autor quer dizer que o demônio é um lutador já vencido, embora possa maltratar os filhos de Deus ao longo da história, mas já está decretada a sua derrota. Deus põe inimizade entre a serpente e a Mulher, entre os dependentes da serpente (os maus) e a da Mulher (os bons). Isto se cumpre naquela que Jesus chama de Mulher nas bodas de Caná e aos pés da Cruz (Jo 2,4; Jo 19,26).

O pecado original tornou-se algo hereditário. A criança que nasce hoje, devia nascer com a graça santificante e com os dons preternaturais, que os primeiros pais deviam ter guardado e transmitido, mas pecaram e não puderam transmitir. São Tomás de Aquino ensina que "o gênero humano inteiro é em Adão como um só corpo de um só homem" (Ml 4,1). O nosso Catecismo diz que "em virtude desta unidade do gênero humano todos os homens estão implicados no pecado de Adão, como todos estão implicados na justiça de Cristo" (§404).

Depois do pecado original a natureza humana é transmitida em um estado decaído; é isto que quer ensinar o texto bíblico.

A Igreja ensina que o pecado original se transmite de pai para filho por propagação, e não por imitação.

É preciso dizer aqui que não é por causa do ato biológico (sexual) que se transmite o pecado original. Deus quis o ato sexual do casal, e isto não é pecaminoso e não é causa do pecado original. Apenas podemos dizer que a geração não transmite a graça santificante, e esta é então dada pelo Batismo.

É por isso que a Igreja quer que se batize a criança, para que ela não seja carente da graça santificante. Jesus, o novo Adão, readquiriu para cada homem a graça santificante e no-la dá no Batismo.

Aqueles que querem negar a realidade do pecado original saem dos ensinamentos do Magistério da Igreja. O Catecismo lembra que: "A Igreja, que tem o senso de Cristo, sabe perfeitamente que não pode atentar contra a revelação do pecado original sem atentar contra o mistério de Cristo" (§389).

Com outras palavras, podemos dizer que quem nega a realidade do pecado original, nega também a realidade da salvação realizada por Jesus Cristo, e isto seria negar todo o cristianismo.

CAIM E ABEL

Lendo a narração da morte de Abel por seu irmão Caim (Gn 4,1-16) vemos que o autor já supõe um estado avançado da humanidade, onde os homens já domesticam os animais, Abel é pastor, e já cultivavam a terra. Caim é agricultor (4,2). É o período neolítico da humanidade. Caim funda uma cidade (4,17), tem medo de se encontrar com outros homens que o possam matar, etc.

Baseados nesses traços literários, os estudiosos dizem que o autor sagrado relatou um fratricídio ocorrido nos tempos de Moisés, século XIII a.C. para mostrar que quando o homem se afasta de Deus, ele se torna perigoso para o próprio irmão. Assim, não se pode dizer que Caim e Abel sejam filhos diretos dos primeiros pais, e nem era intenção do autor sagrado afirmar isto.

Disto tudo vemos que não tem sentido a pergunta: "com quem se casou Caim?" Se o assassinato de Abel é datado do século XIII a.C., então nesta época já haviam homens sobre muitos lugares da terra.

Note-se também que Gn 5,4 diz que Adão e Eva tiveram outros filhos; neste caso, pode-se entender também que Caim tinha com quem se casar, ainda que fosse com uma irmã de sangue, o que não era empecilho na antiguidade. Esta é uma alternativa para quem não aceita a tese anterior.

O DILÚVIO

Quatro capítulos do Gênesis (6-9) narram o dilúvio bíblico e significa uma expressão do pecado que, a começar com Adão e Eva vão se alastrando cada vez mais. Esta narração contém, como pode-se notar quando se lê atentamente, repetições e contradições. Os exegetas (estudiosos da Bíblia) concluem que a narração é a fusão de dois documentos (fontes Sacerdotal P e Javista J) conservando cada qual os seus detalhes próprios, sem que o autor sagrado tivesse a preocupação de harmonizá-los entre si. Isto mostra que o autor sagrado não estava preocupado com detalhes menores, e visava sim um sentido mais profundo, uma mensagem religiosa.

Nas tradições dos povos antigos há inúmeras narrações de dilúvios. Os estudiosos contam mais de 288 histórias antigas de dilúvio, e todas com uma base comum: há uma grande catástrofe por conta de uma grande ofensa dos homens contra a divindade. O elemento do castigo que mata os homens e os animais pode ser a água, o fogo, o terremoto, etc.

Na Babilônia há quatro versões semelhantes de dilúvio, semelhantes ao da Bíblia. Note que Abraão foi oriundo da Mesopotâmia. Aos olhos da ciência é certo que não houve um único dilúvio universal, mas muitos povos guardaram a lembrança de um dilúvio local.

Quando o texto bíblico fala de "terra inteira" e "todos os homens" não fala em sentido geográfico, mas religioso, hiperbólico (Gn 41,54.57; Dt 2,25; 2Cr 20,29; At 2,5) isto é, o gênero humano para o autor sagrado se reduzia àqueles que transmitiam os valores religiosos da humanidade.

A mensagem do relato do dilúvio (Gn 6-9) quer mostrar o seguinte:

1. Deus é santo e puro;
2. Deus é justo, não pode deixar o mal imperar;

3. Deus é clemente, convida à conversão antes de corrigir;

4. O dilúvio marca o fim de um período da história religiosa da humanidade e marca o início de uma nova era; é como se fosse o início de um novo mundo, onde Deus faz aliança com Noé, o "pai" da nova humanidade;

5. Noé é uma imagem de Cristo. Noé salvou a humanidade pelo lenho da arca, Cristo vai salvá-la pelo lenho da cruz, do dilúvio do pecado;

6. A arca de Noé é uma figura da Igreja, assim como ninguém sobreviveu fora da arca, ninguém se salva fora da Igreja. Todos os que se salvam, mesmo que não pertençam à Igreja, se salvam por meio de Cristo e da Igreja, ainda que não saibam disso;

7. As águas do dilúvio são figura do Batismo, que pela água dá vida aos fiéis e apaga os pecados;

8. O dilúvio, como nova criação, prefigura "os novos céus e a nova terra" (2Pd 3,5-7.10) que haverá no fim da história.

OS SETENTA POVOS

Depois do dilúvio o Gênesis apresenta uma tabela de 70 povos descendentes de Noé e de seus filhos Sem, Cam e Jafé (Gn 10,1-32); e, em Gênesis (11,1-9), o episódio da torre de Babel, com profundo sentido religioso.

Os filhos de Jafé dão origem aos povos da Ásia Menor e das ilhas do Mediterrâneo, até o litoral da Espanha. Os filhos de Cam ocupam a região do sul: Egito, Etiópia, Arábia e Canaã. Os filhos de Sem habitam a região da Mesopotâmia e a Arábia. Os 70 povos são os descendentes de Noé.

Note que para os antigos o número 70 era símbolo de plenitude. O autor sagrado não quer com isto indicar a origem das raças, como se estas tivessem começado após o dilúvio, com Noé. Assim, Jafé seria o pai da raça branca; Cam, o da raça negra e

Sem o da raça amarela. A Bíblia nada afirma acerca da origem das raças, pois não é este o seu propósito.

A tabela de Gênesis (cap. 10) quer indicar a unidade de origem de todos os povos, embora espalhados pela terra. Esta mentalidade de origem comum e de fraternidade entre os homens não havia na literatura dos outros povos antigos; os estrangeiros costumavam ser encarados como bárbaros e desprezados.

Esta unidade de todos os povos já queria significar desde longe, que todos os homens são chamados à salvação, que vai acontecer com Abraão (Gn 11,10-26) e sua descendência até Cristo.

A Torre de Babel

O episódio da Torre de Babel (Gn 11,1-9) não tem a finalidade de explicar a origem das línguas.

Essa torre muito alta deve ser entendida como as que havia na Babilônia (Ziggurats) que os arqueólogos têm encontrado. Tinha a forma de pirâmide com vários patamares, e eram monumentos religiosos ou templos pagãos.

Os antigos babilônicos concebiam o mundo como uma alta montanha e achavam que os deuses habitavam nos cumes dos montes; então, colocavam no último patamar das torres a morada dos deuses da cidade. Na Babilônia a torre mais famosa era a do deus Marduque, chamada de "casa do fundamento do céu e da terra".

Era o poder político da Babilônia divinizado. Assim, a torre de Babel mostra um empreendimento pagão religioso, de homens que queriam criar para si um nome famoso, que os mantivesse unidos, formando assim um poderoso centro político e cultural, impregnado do culto de um ídolo. Queriam construir, longe do Deus verdadeiro, um centro político e religioso que tivesse domínio universal. O símbolo desse poderio seria a torre muito alta. Mas o Senhor confundiu a linguagem das pessoas e colocou confusão entre elas (Gn 11,7).

Deus permitiu que a soberba daqueles homens pagãos se voltasse contra eles mesmos e se desentendessem entre si, afastando-se uns dos outros e fracassando no seu projeto. Não é que tenha havido uma súbita multiplicação das muitas línguas, mas em consequência da dispersão haviam surgido lentamente as línguas diferentes.

A mensagem forte do episódio narrado é que pela falta de uma união interior feita pelo Deus verdadeiro, aconteceu o esfacelamento do grupo. O autor sagrado deu o nome de Babilônia à cidade orgulhosa de Gn 11; na história sagrada este nome tornou-se o símbolo do poder deste mundo que se faz adverso e inimigo de Deus.

Mais tarde, no início do Cristianismo, os cristãos vão identificá-la com a cidade de Roma que matava os cristãos. É a Babilônia do Apocalipse.

O episódio da torre de Babel quer mostrar que o mal que foi gerado pelo pecado original, consumado na morte de Abel, punido por meio do dilúvio, vai-se alastrando cada vez mais, o que faz constituir um povo à parte em Abraão (Gn 12) a fim de preparar a salvação da humanidade perdida no pecado.

Podemos dizer que em Babel, devido à soberba dos homens, houve a divisão e o desentendimento, e as línguas se multiplicaram. Os povos antigos viam a grande diversidade de línguas causada pela divisão entre os homens, e consideravam isto uma desgraça e mesmo um castigo por causa do pecado.

No dia de Pentecostes, na consumação da Redenção trazida por Cristo, os grupos de nações diversas foram reunidas, louvando a Deus numa só língua, no mesmo Reino de Deus.

As línguas de Pentecostes mostram um homem de coração novo, e derruba as barreiras antigas de cultura, raça, idiomas, interesses, etc., reunindo todos novamente na Igreja, a família nova de Deus, como irmãos unidos no mesmo ideal de amar e servir a Deus, longe de uma vida de orgulho e soberba que divide e faz os homens não se entenderem nem mesmo na língua.

O Êxodo

Este importante livro narra a ida do povo de Israel para o Egito e a escravidão ali sofrida. Os hebreus estabelecidos no delta do rio Nilo, depois da morte de José, foram escravizados pelo faraó. Desde então, o Egito torna-se o sinal do adversário do povo hebreu, o poder terreno que procura contrariar a vontade de Deus.

Deus chama Moisés na sarça ardente para uma grande missão e revela-se a ele primeiro: "Eu sou aquele que sou" *(= Ihaweh)*. Moisés torna-se o chefe e guia do povo de Deus oprimido e retira o povo do Egito milagrosamente, com a força de Deus.

A passagem do anjo que extermina os primogênitos do Egito, mostra que daí em diante o povo libertado terá que viver no temor de Deus e lhe ser fiel. A primeira Páscoa é celebrada de maneira cruenta; foi a figura da grande e solene Páscoa celebrada na imolação de Cristo, o Cordeiro de Deus que tira o pecado do mundo (Jo 1,29) pela qual toda a humanidade espiritualmente é libertada da escravidão do pecado e do demônio.

Depois da libertação do faraó, Deus conduz o seu povo através do mar Vermelho e do deserto. No monte Sinai Deus se manifesta e realiza a solene aliança com o seu povo. "Se obedecerdes a minha voz e guardardes a minha aliança, sereis entre todos os povos, o meu povo particular... sereis uma nação consagrada." (Ex 19,5-6). O Decálogo, os dez Mandamentos, será o sinal desta Aliança, o Direito imposto por Deus ao seu povo eleito.

Em seguida o Êxodo apresenta um texto legislativo muito antigo, primeira forma de uma legislação social e religiosa. No capítulo 14 vemos um sacrifício cruento que sela esta solene

Aliança. Contudo, logo em seguida o povo viola esta Aliança prestando culto ao bezerro de ouro. Cede à antiga tentação de materializar o seu Deus para prestar-lhe culto. Deus irrita-se e castiga o seu povo, mas por fim mostra-se misericordioso. A Aliança é renovada.

O sinal visível do pacto entre Deus e o seu povo serão as tábuas da Lei, guardadas na arca da Aliança.

A arca da Aliança tem o valor simbólico do trono de Deus; ela testemunha a sua presença no meio do seu povo.

O LIVRO DO LEVÍTICO

Narra as Leis dos rituais, as leis sociais, as prescrições, as bênçãos e maldições, os sacrifícios oferecidos a Deus (holocaustos, oblações, sacrifícios pacíficos, sacrifícios de expiação).

Os descendentes de Levi foram colocados por Deus à frente do culto em Israel. Dentre eles escolhiam os sacerdotes e os servidores do Templo. O Levítico é um manual escrito para eles, muito antigo, e que passou por várias transformações do século X a.C. em diante.

Os judeus antigos conheciam quatro sacrifícios: os holocaustos, onde a vítima oferecida era totalmente consumida pelo fogo; as oblações, ou ofertas de frutos, farinha e de outros produtos agrícolas; o sacrifício pacífico, ou de ação de graças; e os sacrifícios de expiação, para reparar os pecados e as faltas involuntárias cometidas contra as leis cerimoniais.

O grande número de prescrições referentes ao "estado de pureza legal" é por causa do grande respeito que o povo hebreu cercava tudo aquilo que se referia a Deus a seu culto.

Encontramos também no Levítico um esboço de Código civil e de leis morais, que embora imperfeitas, mostram como se tinha aperfeiçoado a consciência moral do povo hebreu. A própria "lei de talião" ("olho por olho, dente por dente",

Lv 24,17-20; Ex 21,24), que depois foi abolida por Jesus no sermão da montanha (Mt 5,38-42), revela-se um verdadeiro progresso moral, se considerarmos que segundo o costume da época vingavam sete vezes as ofensas e injustiças recebidas.

O LIVRO DOS NÚMEROS

O seu nome vem das importantes listas de números e de nomes contidos em seus primeiros capítulos. Fala do recenseamento do povo feito por Moisés no deserto e apresenta as listas de nomes e números. Contém ainda outras leis misturadas com a narrativa da caminhada até as margens do rio Jordão.

De um modo geral é uma continuação natural do Êxodo.

O livro já supõe que o povo estava dividido em doze tribos, cada uma com uma vida mais ou menos autônoma. A união entre elas estava na crença, no culto, na legislação e na fidelidade religiosa à Aliança do Sinai.

As leis que aí aparecem se referem à permanência do povo no deserto a caminho da terra prometida. Mostra que a vida do povo no deserto não foi muito agradável a Deus; reclamavam uma vida fácil, murmuravam contra Deus e contra Moisés e chegaram a contestar a sua autoridade (Nm 12,2).

Por fim, o livro narra as lutas dos hebreus contra os povos vizinhos da Palestina que se opuseram à sua passagem por ali. Nota-se com clareza os perigos morais e religiosos que os hebreus sofreram em relação à pureza da sua fé monoteísta no meio de povos que adoravam muitos ídolos.

Podemos ler nos Números a bela fórmula da bênção (6,22-27); a relação das peregrinações dos hebreus (capítulos 10, 14, 16 e 17); o episódio da água que saiu do rochedo; da serpente de bronze; da guerra contra Moab e do adivinho Balaão (capítulos 20 a 25).

O Deuteronômio

Este nome quer dizer "segunda lei", consta de cinco sermões de Moisés que recapitulam a Lei e narra o fim da vida de Moisés. É um livro essencialmente religioso e jurídico.

Os capítulos 12 a 26 são uma repetição e complemento dos capítulos 20 a 23 do Êxodo. A sua redação final é posterior a dos outros livros do Pentateuco. O seu texto foi ignorado por muito tempo, e depois descoberto no reinado de Josias (622 a.C.) no Templo de Jerusalém; tornou-se a base da importante reforma moral e religiosa, depois de um tempo de decadência e forte idolatria em Israel.

No início encontramos duas belas exortações à obediência a Deus e à Aliança. Os capítulos seguintes (4,5 e 6) são muito importantes; tornaram-se como que o catecismo dos hebreus, e tratam das questões do amor e adoração a Deus e do amor ao próximo. Jesus se referiu a esses textos várias vezes. Em seguida encontramos a segunda legislação relativas ao culto, à administração e à vida social de Israel.

O livro termina com dois belos discursos que descrevem as bênçãos divinas sobre os israelitas fiéis e as maldições que atingirão aqueles que não forem fiéis a Deus e aos seus mandamentos.

O Deuteronômio é o livro que mais nos transmite a pura religião de Israel. É uma espécie de testamento espiritual de Moisés, embora não tenha sido escrito diretamente por ele.

É o último livro do Pentateuco; e mostra-nos que a ideia principal é a da Aliança de Deus com Israel, a fim de preparar um povo para receber o Messias salvador de todos os homens.

Os livros Históricos — Há 16 livros históricos na Bíblia (Josué, Juízes, Rute, I e II Samuel, I e II Reis, I e II Crônicas, Esdras, Neemias, Tobias, Judite, Ester, I e II Macabeus) que narram a história do povo hebreu desde a entrada na Terra

Prometida até os tempos dos Macabeus, já próximo de Jesus cerca de 150 anos.

O LIVRO DE JOSUÉ

O autor deste livro é desconhecido. Narra a árdua missão de Josué, indicado por Deus a Moisés para ser o seu sucessor e introduzir o povo na Terra prometida, fazendo o povo viver as leis que Deus deu a Moisés, distribuindo a terra entre as tribos de Israel e lutando contra os cananeus. Mostra a fidelidade de Deus às suas promessas feitas ao povo. É uma continuação lógica do Pentateuco.

A redação final do livro deve ter sido feita na época dos reis, a partir de documentos antigos, desde o tempo de Josué. Os acontecimentos narrados são do final do século XIII a.C. e mostra a lenta instalação dos israelitas na terra de Canaã, cumprindo a promessa de Deus a Abraão.

As passagens mais importantes são o episódio de Raab, a prostituta, recompensada por Deus pela ajuda dada aos israelitas em Canaã (cap. 2); a travessia do rio Jordão, comparada à travessia do mar Vermelho (cap. 3); a tomada de Jericó pelo poder divino (cap. 6); a vitória de Josué em Gabaon, onde ocorre a famosa "parada do sol". Não se deve interpretar este fato ao pé da letra, mas como uma imediata resposta de Deus à oração fervorosa de Josué (cap. 10).

As narrações do livro de Josué mostram os costumes cruéis dos povos antigos e enaltecem o poder de Deus que socorre o seu povo contra os inimigos.

Nos capítulos 23 e 24 vemos os ensinamentos de Josué, já velho, cheio de confiança, fidelidade e gratidão a Deus.

"Apegai-vos, ao Senhor que depôs em vosso proveito povos numerosos e poderosos [...] se acaso vos desagrada servir ao

Senhor, escolhei neste dia a quem quereis servir. Mas eu e minha casa serviremos ao Senhor. Ao que o povo respondeu:
"Nós serviremos ao Senhor, nosso Deus, e obedeceremos a sua voz."" (Js 24,15s).

O livro de Josué mostra que o povo foi fiel a este compromisso e como a misericórdia de Deus não lhe faltou toda a vez que esse povo lhe era fiel.

O LIVRO DOS JUÍZES

O autor deste livro também é desconhecido. Narra as suas histórias desde a morte de Josué até Samuel. Josué ao morrer não deixou sucessor. As doze tribos de Israel já estavam estabelecidas na terra prometida, não tinham um governo central, mas eram unidas pela religião monoteísta (um só Deus), diferente dos outros povos de Canaã que tinham muitos deuses (Baal, Aserá, Astarte).

Israel convivia com esses povos pagãos e muitas vezes caiu na idolatria. Neste contexto Deus suscitou os juízes em Israel. Eram heróis, muitas vezes dotados de força física ou carismas especiais para libertarem uma ou mais tribos de Israel dominadas pelos estrangeiros. Não tinham sucessores nem dinastia, não promulgavam leis e nem impunham impostos. São o testemunho vivo de que Javé jamais abandonou o seu povo.

Entre os grandes juízes encontramos Eli e Samuel, que foram os únicos que tiveram autoridade sobre todo o Israel, embora não tinham sido chefes de exércitos como os outros. Ao todo foram doze juízes. Os maiores foram Otoniel (da tribo de Judá), Aod (Benjamim), Barac (Neftali), Gedeão (Manassés), Jefté (Gad), Sansão (Dã). Os menores são Samgar (Simeão), Tolá (Issacar), Jair (Galaad), Abesã (Aser), Elon (Zabulon) e Abdon (Efraim). Os 21 capítulos de Juízes cobrem um período de quase 200 anos que vai de 1250 a 1050, da morte de Josué até o primeiro rei de Israel, Saul.

Foi um período difícil para Israel, as doze tribos não tinham ainda força para impor-se frente os inimigos que viviam em Canaã. Toda vez que o povo caía na idolatria era abandonado por Deus e caía nas mãos dos inimigos; quando se arrependiam, eram socorridos por Deus (cf. 3,7-9). Deus era o único guia do seu povo; que não tinha rei.

O capítulo 4 conta a história da profetisa e juíza Débora; os capítulos 6-8 contam a história de Gedeão; o capítulo 9 conta a história do usurpador Abimelec; o capítulo 11 conta a história decepcionante de Jefté. Esta história mostra que mesmo os heróis do povo de Deus não passam de criaturas frágeis, e também eles cheios de costumes bárbaros das nações que os rodeiam; os capítulos 13-16 contam a história de Sansão, um homem eleito mas desobediente, que enfrenta a paciência divina.

Em vista da sua escolha por Deus, ele cumpre a sua missão pela graça divina, e consegue que o castigo de Deus seja atenuado e que por fim triunfe a misericórdia.

As narrações violentas que encontramos no livro dos Juízes podem assustar ao leitor não preparado. É preciso lembrar que estamos no tempo da lei de talião onde as tribos vingavam as injúrias feitas aos indivíduos e onde a crueldade era usada para reprimir os abusos e infrações ao direito comum.

Estamos ainda diante de uma civilização ainda primitiva e com uma consciência moral em aperfeiçoamento. Não podemos ler e interpretar as páginas violentas de Juízes com os olhos e a mentalidade que temos hoje, cerca de 3000 anos após.

O livro de Rute

Esta história aconteceu no tempo dos juízes. Não sabemos quem foi o autor desta bela obra, e nem a data exata da sua composição, que deve ser posterior ao exílio na Babilônia (587-537 a.C.). Conta a bela história de Rute, a moabita que desposou Booz, israelita, e dos quais nasceu Obed, o pai de Jessé, que foi o pai do rei Davi.

A finalidade do livro é transmitir uma história edificante sobre as origens da família de Davi, que teve, então, entre os seus antepassados uma moabita, isto é, um membro que não era do povo judeu, sendo até seu inimigo. Isto já ensina a universalidade da salvação preparada por Deus para todos os homens (cf. Rt 2,12).

O mesmo se dá com o livro de Jonas. Mateus, na genealogia de Jesus (Mt 1,5), faz questão de citar Rute, para significar que Ele não é filho apenas de israelitas, e Salvador não só dos judeus, mas de todos os homens.

Rute pode ser citada como modelo de fidelidade dos filhos: "Para onde tu fores, também eu irei; onde tu te detiveres, aí eu me deterei. Teu povo será o meu povo, teu Deus será o meu Deus" (cf. 1,16).

Por Deus tê-la escolhido, isto mostra que a escolha do povo eleito não é tão exclusiva a ponto de Deus se desinteressar das outras nações; ao contrário, temos aqui um belo sinal da universalidade da salvação.

Os livros de Samuel

Os dois livros de Samuel foram inicialmente uma única obra. Não se sabe quem foi o seu autor, e a sua redação final deve ser posterior ao ano 622 a.C. O autor serviu-se, sem dúvida, das tradições orais que se estenderam desde a época dos juízes até a época do rei Davi, portanto, por cerca de 100 anos. Conta a crise da realeza de Israel e o estabelecimento da dinastia sagrada de Davi.

As narrações contam as histórias de Samuel, o último dos juízes, do rei Saul e do rei Davi. Continuam as narrações contidas nos livros dos Juízes e cobrem um período da história de Israel de 1070 a 970 a.C. Samuel, o último dos juízes foi incumbido por Deus para sagrar o primeiro rei de Israel, Saul.

Samuel foi eleito pelo povo durante um período de decadência política e religiosa. Ao mesmo tempo juiz e profeta, defende o conceito de que só Deus pode ser o chefe e o guia do seu povo. É a teocracia. Só depois de longa hesitação é que ele se resignou a conceder um rei ao povo.

O primeiro reinado foi infeliz, com Saul. Sua fraqueza e neurastenia tornaram-no impopular; enquanto o jovem Davi foi crescendo diante do povo pela sua coragem e piedade. Consagrado rei, reinou primeiro sete anos em Hebron, sobre a tribo de Judá, e depois, mais trinta e sete anos em Jerusalém, sobre todas as doze tribos, fazendo de Israel um verdadeiro reino.

Os livros mostram que Davi, em que pesem as suas faltas e pecados, foi um verdadeiro rei conforme o coração de Deus, figura do próprio Messias.

Encontramos nesses livros passagens belíssimas: a obediência a Deus por parte de Samuel e Heli (capítulos 1-4); a desobediência de Saul (capítulos 13-15); o começo do ministério profético (capítulos 3-12); a grande amizade de Davi e Jonatas (2Sm 1); o pecado e o arrependimento de Davi (2Sm capítulos 11-12); o combate de Davi e Golias (1Sm 17).

Os livros dos Reis

Os autores destes livros também são desconhecidos. As fontes são citadas, "Crônicas dos reis de Israel e de Judá", composta sem dúvida dos arquivos das tribos dos dois reinos. Com a morte de Salomão em 931 a.C. os dois reinos se separaram.

Esses dois livros, que inicialmente formavam um só, narram a história dos reis de Israel, Saul, Davi, Salomão, etc., e vai até o exílio do ano 587 a.C., quando aconteceu o exílio para a Babilônia. Narra a construção do Templo por Salomão, a separação das 12 tribos de Israel em dois reinos rivais (Samaria e Judá), e conta, entre outras coisas, a queda de ambos os reinos, a destruição de Jerusalém, a história de Elias, Eliseu, a Reforma de Josias e a destruição de Jerusalém pelos babilônios.

O livro cobre cerca de 400 anos de história de Israel (970-570 a.C.). Começa com os últimos dias de Davi e vai até a libertação de Jeconias, rei de Judá, detido na Babilônia (561). O livro conta a história dos dois reinos de Israel separados e rivais. Apresenta os doze reis de Judá, todos da descendência de Davi; e os dezenove reis da Samaria, pertencentes a nove dinastias diferentes, perdendo, então, a descendência de Davi.

O autor da obra julga os reis comparando-os com o rei Davi, que ele considera o rei íntegro e fiel. Os reis maus são muito mais numerosos que os bons. Somente Salomão, Asa, Josafá, Joás, Osias, Joatão, Ezequias e Josias escapam de sua reprovação. Os dois últimos são modelos. O critério básico para o julgamento é a fidelidade ao verdadeiro culto conforme prescrevia o Deuteronômio.

Dois trechos notáveis são os que falam dos profetas Elias e Eliseu (1Rs capítulos 17-19; 2Rs, capítulos 1-8). Essas personalidades se destacam entre as maiores estrelas do Antigo Testamento. Eram conselheiros dos reis.

Os livros mostram várias comunidades de profetas e apresenta o trabalho profético de muitos deles, como Isaías (2Rs 19), Aías de Siló (1Rs 11), Semeias (capítulo 12), Jeú (capítulo 16) e a profetisa Holda (capítulo 22). A missão desses profetas era sempre a de chamar o povo e os governantes a viverem fiéis às leis de Deus.

Os livros dos Reis contam fatos importantíssimos da história de Israel: o reino de Salomão (1Rs 11-5; 9-11); a dedicação do Templo (capítulo 8); a divisão do reino de Israel (12-14); a história de Acab (20-22); a história de Atalia (2Rs 11); a origem dos samaritanos (capítulo 17); a invasão dos assírios na tomada do reino do norte

(18-20); a descoberta do Deuteronômio e a reforma de Josias (22-23); o fim de Jerusalém (24-25) nas mãos dos babilônios.

OS DOIS LIVROS DAS CRÔNICAS

Esses livros são chamados também de (ou Paralipômenos = as coisas omitidas) — formam com os livros de Esdras e Neemias um bloco homogêneo chamado de "obra do Cronista". Percebe-se isto na coincidência do final das Crônicas com o começo de Esdras.

Um cronista escreveu essa obra por volta do século III a.C., utilizando um grande número de fontes que ele mesmo cita com exatidão: Os livros do vidente Samuel, do profeta Natã, Os oráculos de Aías de Siló, as memórias de Jeú, os anais dos reis de Israel e de Judá, e certos trechos do livro de Samuel e dos Reis que são repetidos exatamente.

Narram as histórias de Israel, repetindo ou completando o que já foi narrado em Samuel e Reis. Na verdade, reapresenta a história já narrada, mas com uma perspectiva ainda mais religiosa. Trazem uma tabela genealógica desde Adão até Davi; a história do rei Davi, de Salomão e dos reis de Judá, e procura dar um significado teológico aos acontecimentos narrados.

O autor, membro de uma família de sacerdotes, dá à narração um enfoque sempre religioso e quer mostrar que Deus usa dos fiéis e dos governantes para realizar os seus planos e manter a Aliança. Quer mostrar que a verdadeira vocação do povo de Deus era a de dedicar-se ao culto de Deus no Templo, que deve se tornar o centro da vida de Israel.

A razão disso é que os judeus tinham regressado do exílio da Babilônia (536 a.C.) e não tinham autonomia nacional, só o culto e a religião é que podiam fortalecer a alma da comunidade judaica. Esta é a principal finalidade do livro.

A obra mostra com insistência como Deus age nos acontecimentos da nação, a fim de inculcar no leitor a firme esperança na construção de uma realeza espiritual e uma confiança na soberania exclusiva de Deus sobre o mundo.

Há passagens muito interessantes nesses livros, como as duas orações de Davi (1Cr 17-29); a oração de Salomão suplicando a Deus a sabedoria (2Cr 1); a dedicação do Templo (2Cr 6-7).

Os livros de Esdras e Neemias

Esdras era sacerdote e Neemias governador de Israel.

Esses livros são do mesmo autor das Crônicas e contam as histórias desses personagens importantes que restabeleceram a restauração religiosa e moral de Israel após o exílio da Babilônia. Cobre uma época que vai de 538 a 430 a.C. Narram a construção e a dedicação do Templo, a reconstrução das muralhas e da cidade de Jerusalém. É o tempo dos profetas Ageu, Zacarias e Malaquias.

Foi o renascimento do judaísmo após o exílio, a partir de Judá que volta da Babilônia; e daí nascerá o Messias.

Esses livros contém diversos textos de arquivos, recenseamentos e documentos oficiais em aramaico e as memórias pessoais de Esdras e de Neemias. Não há uma ordem cronológica nos relatos.

O autor relata a restauração religiosa ocorrida quando Ciro, rei dos persas, autorizou, em 538 a.C., aos judeus deportados voltarem novamente à Judeia. Logo que voltaram para Jerusalém eles começaram a reconstrução do Templo.

Mas os vizinhos hostis impediu-os de restaurar as fortificações da cidade. Foi então nomeado e empossado um governador leigo, Neemias, em 445 a.C. Houve muita dificuldade para restaurar a sociedade repleta de abusos religiosos (muitos casamentos mistos entre judeus e pagãos) que constituiam perigo para a religião judaica. Foi então que o sacerdote Esdras entrou em ação, conseguindo que a lei de Moisés fosse novamente observada e que o culto fosse restabelecido, especialmente quanto aos casamentos mistos.

Já no final do período que é descrito nos livros de Esdras e Neemias (400 a.C.) havia certa estabilidade na sociedade judaica de Jerusalém: a Aliança foi restabelecida e forma-se uma comunidade religiosa. Houve um despertar espiritual e moral. A classe sacerdotal foi adquirindo influência cada vez maior, o Templo e o culto voltaram a ser o centro da nação. O judaísmo se refez. Por isso Esdras é chamado o "pai do Judaísmo".

Neste contexto, surgiu também a observância rigorosa da Lei, com um deplorável formalismo com certa hipocrisia religiosa que Jesus tanto reprovou nos fariseus. Esses eram homens que se achavam justos e santos só porque observavam rigorosamente a Lei exteriormente.

Vale a pena ler o capítulo 9 de Esdras, bem como a bela oração de Neemias (capítulo 1). Além disso a narração da construção do Templo (4-6) e a oração de confissão dos pecados (9-10) são edificantes.

Os livros de Tobias, Judite e Ester

São livros escritos no gênero literário chamado de *midraxe*, que é a narração de um fato histórico com ênfase religiosa; isto é, na ação de Deus que age em defesa dos fiéis, realçando os aspectos edificantes e moralizantes dos fatos narrados, com o intuito de formar os leitores.

São histórias edificantes que não se sabe bem quando ocorreram, e que não se refere a todo o Israel, mas apenas a uma pessoa, família (Tobias) ou cidade (Judite).

A intenção do autor é servir-se de elementos históricos, conhecidos, como uma moldura na qual inseriram, sob uma forma concreta, ensinamentos religiosos. São as chamadas "narrações episódicas ou literatura edificante".

O livro de Tobias foi escrito em aramaico na metade do século II a.C. O texto original só foi conservado em grego e latim, com pequenas discordâncias entre si. A história de Tobias tem uma grande importância religiosa e mostra o grande ideal religioso de uma família de israelitas que viviam pela fé. É mostrada uma história que aconteceu em Nínive, durante o exílio. Vemos aí a virtude, a fé e a grandeza do velho Tobit, posto à prova pela providência divina, que faz tudo terminar bem em atendimento às orações de Tobit. Encontramos aí muitas passagens muito edificantes que mostram o amor de Deus, a piedade filial, a perseverança nas provações, o valor da misericórdia e da esmola, a santidade no casamento, etc. É como se fosse o espellho de um judeu justo, e que muito serve de modelo aos cristãos.

O livro de Judite não foi conservado no original hebraico. Existe apenas a tradução grega. O seu autor é desconhecido. Ele quis demonstrar que a confiança em Deus, com fiel dedicação ao seu serviço, vence todas as potências terrestres por pior que sejam. Contra o poder magistral de um senhor deste mundo (Holofernes), é oposta a fraqueza de uma mulher fiel à lei de Deus e que crê na força da oração e no poder de Deus.

O episódio tem como cenário a libertação da cidade de Betúlia, cercada por Holofernes, general de Nabucodonosor, rei da Babilônia. Judite corta-lhe a cabeça e liberta o povo oprimido.

O espírito de vingança e de certo fanatismo nacional que vemos no texto, estava arraigado na alma do povo judeu, segundo a consciência moral da época, e podia conviver com os mais nobres sentimentos espirituais.

O livro de Ester ainda existe, em parte, em hebraico, acompanhado de uma série de suplementos em grego. Quando São Jerônimo, no século IV da nossa era, a pedido do Papa Dâmaso, traduziu a bíblia para o latim *(Vulgata)*, colocou esses complementos num apêndice.

O autor do livro é desconhecido. Parece ter vivido no fim do século IV a.C. O livro supõe a época da dominação dos persas, quando os judeus eram dominados e oprimidos por estrangeiros.

Vemos aí o célebre decreto que obrigava o morticínio dos judeus, que só não ocorreu pela intervenção extraordinária da rainha Ester. O autor quis inculcar no leitor a ideia de um Deus que sempre pode salvar o seu povo por meios sempre inesperados; além disso, quis fortalecer o patriotismo.

É de se notar a belíssima oração do capítulo 9 do livro de Judite diante da cidade de Betúlia cercada pelos inimigos. No livro de Ester há as belas orações de Mardoqueu e de Ester (capítulos 13-14), e também a genial intervenção de Ester junto ao rei Assuero (capítulos 5-7).

São belos livros, de leitura muito edificante, que mostram a ação de Deus, na vida de uma pessoa, de uma família ou de uma cidade que nele confia. É importante notar a figura de duas mulheres, usadas por Deus para a sua obra de salvar o seu povo. Ester é figura de Nossa Senhora.

OS LIVROS DOS MACABEUS

Os dois livros dos Macabeus eram distintos. Contam a história do povo Judeu no tempo da opressão dos sírios, especialmente pelo rei Antíoco IV Epífanes (175-163), que queria obrigar o povo a praticar as leis pagãs e rejeitar a lei de Deus. Levantou-se Matatias, sacerdote, como chefe de guerrilha e guerra contra os sírios, com os seus filhos João, Simão, Judas, Eleazar e Jônatas. A revolta dos Macabeus surgiu por esta causa e vai aproximadamente de 175 a 163 a.C., já no limiar da chegada de Jesus.

O primeiro livro estende-se por um período de 40 anos (175-135), e foi escrito na Palestina, no começo do século I a.C. em hebraico ou aramaico, mas o original se perdeu, e temos hoje apenas o texto grego. O autor mostra a predileção de Deus por Israel, contra os inimigos sírios que ocupavam a Palestina.

Neste livro salienta-se especialmente os sentimentos de fé ardente, de uma inviolável fidelidade à Lei e de um apego enorme à cidade santa de Jerusalém.

O segundo livro dos Macabeus é diferente do primeiro, e narra alguns episódios da primeira parte da luta descrita no livro um. Foi redigido em grego, por volta do ano 100 a.C. por um judeu que usou os escritos de um tal Jason de Cirene, do ano 160 a.C. O objetivo do livro é a edificação religiosa. É mais religioso do que histórico; são apresentados heróis que testemunham uma fé ardente e viva e que não teme nem mesmo o martírio.

A intenção é reavivar o sentimento patriótico e religioso dos judeus que viviam em Alexandria, norte do Egito. Vemos neste livro a crença, até certo ponto nova, de fé na imortalidade da alma. No Antigo Testamento, somente neste livro e no livro da Sabedoria que encontramos esta crença.

Vale a pena ler e meditar sobre Judas Macabeus (capítulo 3); a morte de Antíoco Epífanes (capítulo 6); a aliança com os romanos (capítulo 8); o governo de Simão (capítulo 14). No segundo livro, temos o belo prefácio (capítulo 2); o episódio de Heliodoro (capítulo 3); o martírio de Eleazar e o comovente martírio dos sete irmãos com a mãe (capítulos 6-7).

Do tempo de Esdras (400) até os Macabeus (175), temos um período de cerca de 225 anos dos quais a Bíblia nada fala. Parece ter sido tempos de paz, embora Israel ainda vivesse sob o jugo de Alexandre Magno, e depois dos sírios.

Os livros sapienciais

Há 7 livros na Bíblia que são chamados de Sapienciais, isto é, que falam da sabedoria de Deus: Jó, Salmos, Provérbios, Eclesiastes, Cântico dos Cânticos, Sabedoria e Eclesiástico. Vamos examiná-los.

O livro de Jó

O livro de Jó é do gênero literário dramático, como um poema dialogado. O autor é desconhecido e coloca sua obra no século V a.C. em lugares e situações não precisas. O personagem de Jó era para os judeus o tipo do justo sofredor.

O assunto principal é o sofrimento. Por que sofrem os bons? A sua mensagem principal é que o homem deve humilhar-se no sofrimento e confiar em Deus que sabe tirar o bem até mesmo do mal. Mostra a vitória, pela fé, de um homem que mesmo coberto de lepra da cabeça aos pés, sabe ainda confiar em Deus, sem perder a fé e sem blasfemar.

A grande mensagem do livro é que não podemos conhecer todas as causas do sofrimento, mas devemos fazer um ato de confiança absoluta em Deus. E não ficaremos frustrados.

Três amigos, depois um quarto, querem consolar Jó nas desgraças que Deus permitiu que o atingissem: perda dos filhos, dos bens, da saúde, etc. Os amigos de Jó apresentam a mentalidade comum em Israel: o sofrimento é um castigo de Deus por causa dos pecados, e serve para a purificação.

Mas Jó responde que é inocente e apela a Deus incessantemente, pois acredita que as provações que passa provêm de Deus. Então, Deus mesmo entra em cena: responde que ele, Jó, é um homem justo, mas que não procedeu com muita retidão pretendendo querer conhecer os desígnios de Deus. Diante da provação enviada por Deus o homem deve humilhar-se, com paciência e esperança, sem querer desvendar os planos misteriosos de Deus.

Portanto, na reflexão dos judeus, o problema do sofrimento não foi plenamente resolvido, somente mais tarde com o sentido da Paixão de Jesus é que será melhor compreendido o seu valor salvífico.

O livro foi escrito num estilo completamente oriental, com discursos extenuantes; entretanto, apresenta páginas de grande atração: o prólogo (1-2); a primeira queixa de Jó (3); o apelo de Deus (12-14); as obras de Deus e seu governo (36-37); as palavras de Deus sobre as maravilhas da criação (38-42).

O LIVRO DOS SALMOS

Os Salmos era o livro de oração dos antigos judeus. O próprio Jesus o usou, isto lhe deu um valor perene.

Contém 150 salmos de Davi, Salomão e outros. Eram orações "cantadas com o acompanhamento de instrumentos de corda". Canta os louvores de Deus, as lamentações do povo, os cânticos religiosos, os poemas e as súplicas. Exprimem as mais diversas situações de ânimo, adoração, louvor, perseguição, saudades do santuário, desejo de Deus, confissão dos pecados, esperança em Deus que salva, oráculos messiânicos, cânticos de Sion, entre outros.

Salmos quer dizer em hebraico *louvores*. Não se sabe quem juntou as diversas coleções de orações e cânticos. As inscrições do texto original atribuem 74 salmos a Davi, 10 aos filhos de Coré, 8 a Asaí, 2 a Salomão, e 1 a Hemão, Etão e Moisés; mas é difícil saber sobre a veracidade histórica destes dados, mas sem dúvida, muitos foram de Davi.

Os temas principais são: o respeito à majestade de Deus, gratidão pela misericórdia e pelo perdão de Deus, absoluta confiança na Providência divina, penitência e contrição diante dos pecados, tristeza e temor dos perigos que nos cercam, paz, consolação, coragem, obediência, alegria e esperança. Os poemas messiânicos e as numerosas alusões ao filho de Davi tornam os Salmos muito importantes para os cristãos, assumindo grande importância também em nossa liturgia.

É preciso entender que quando foram escritos, o povo judeu não tinha atingido ainda o estágio da caridade cristã que Cristo estabeleceu. Por isso, a justiça divina é descrita de uma maneira rude, com certa violência. Na mentalidade judaica só Deus era o rei do povo, e isto os levava a considerar como inimigos de Deus os inimigos do povo eleito; então, esses deveriam ser julgados severamente.

O poder do inimigo deveria ser destruído porque assim o exigia a santidade de Deus. A vingança, expressa com tanta violência, é atribuída ao próprio Deus.

A mensagem dos Salmos só encontra pleno sentido verdadeiro à luz da vida de Jesus Cristo. Os sofrimentos do justo, por exemplo, são nos Salmos, uma prefiguração dos sofrimentos de Jesus.

Podemos agrupar alguns salmos por assunto:

Confiança: 22, 26, 90, 120, 130;
Sabedoria: 1, 31, 36, 118;
Meditações: 8, 9, 11, 35, 38, 48;
Louvores: 7, 18, 28, 46, 92, 95, 96, 97, 145, 150;
Messiânicos: 2, 18, 19, 20, 21, 44, 68, 71, 109, 144;
Lamentações e Orações: 24, 31, 32, 43;
Ação de graça: 33, 65, 102, 135.

Na numeração dos Salmos, existe uma divergência entre o texto hebraico e a versão latina da *Vulgata*. Esta divergência provém do texto hebraico que contém uma divisão imprópria no salmo 9. Por causa disso, a numeração dos salmos no texto hebraico, são acrescidos de uma unidade desde o salmo 10 até o 147. Os demais têm a mesma numeração da versão latina.

O livro dos Provérbios

Os Provérbios trazem a riquíssima sabedoria que o povo judeu armazenou durante a vida muito sofrida, especialmente no exílio. É o mais representativo da literatura sapiencial bíblica, que datam do século X a.C., às quais foram acrescentadas normas que são do século IV/III a.C. Aos poucos a sabedoria foi tomando aspecto religioso, com as suas raízes no "temor do Senhor", e procura agradar a Deus.

É vista como um dom de Deus. Os sábios atribuíam ao próprio Deus a sabedoria. O termo *provérbio* vem do hebraico *"Meschalim"*, que quer dizer "Máximas". O livro consta de nove coleções de máximas, as mais antigas atribuídas a Salomão, mais por ficção literária do que por realidade histórica. O livro dos Reis afirma que Salomão escreveu numerosos provérbios de sabedoria (4,29-34), mas na verdade a obra é composta de oito partes:

1. Seis exortações, misturadas com evocações poéticas, onde a sabedoria personificada entra em cena e pronuncia os seus discursos.

2. Coleção salomônica de provérbios que tratam dos vários estados da vida.

3 e 4. Duas pequenas coleções atribuídas aos "Sábios".

5. Provérbios salomônicos recolhidos "pela gente do rei Ezequias".

6. Um fragmento atribuído a Agur, filho de Jaqué, a nós desconhecido.

7. Uma coleção de conselhos de uma rainha-mãe a seu filho.

8. Poema acróstico de acordo com as letras do alfabeto e que faz elogio da mulher forte.

Muitas sentenças dos Provérbios são de origem popular. A primeira parte (capítulos 1-18) é considerada atualmente como uma composição feita depois do exílio (587-535). Não sabemos quando tomou a forma final que temos hoje; mas podemos afirmar que ela tenha sido feita depois que apareceu o Eclesiástico (começo do século II a.C.), porque este livro é aí citado.

Há passagens neste livro que mostram parentesco com textos egípcios e orientais, pois os judeus sofreram influência das grandes civilizações. No entanto, a moral dos Provérbios, fundada na crença de um único Deus, é muito superior à toda literatura pagã semelhante. Ele mostra um Deus puríssimo, insondável, justo, benevolente, misericordioso e criador.

O autor insiste, sobretudo na virtude da caridade, justiça, prudência, moderação e discrição, e investe contra os vícios: embriaguez, gula, luxúria, preguiça. Acentua a piedade dos filhos para com os pais, educação das crianças e código de direito judicial.

Em todo o livro já aparece a fé numa retribuição, recompensa ou castigo, mas não existe ainda a ideia de vida eterna.

O livro dos Provérbios, bem como os Salmos e Jó, apresentam a região dos mortos como um lugar triste, onde as almas estão mais num estado de morte do que de vida.

A moral segundo este livro parece bastante primitiva, pois os autores limitaram-se às normas de valor prático. A máxima é esta: "O temor do Senhor é o começo da sabedoria" (1,7; 9,10). A sabedoria só pode brotar de Deus mesmo. É ela que nos faz compreender os juízos e desígnios de Deus (2,5-9); e é ela que produz a humildade (15,33). Há textos interessantes como as seis exortações do sábio a seu filho (1,20) e o poema sobre a mulher forte (capítulo 31).

O livro do Eclesiastes

É uma série de meditações sobre a precariedade da vida humana. "Vaidade das vaidades, tudo é vaidade".

Não sabemos quem é o seu autor. Não foi Salomão, mas um judeu da Palestina que viveu no século III a.C. Ele coloca suas reflexões na boca de um personagem que chama de Eclesiastes; vê-se aí uma alusão ao rei Salomão, que a tradição judaica considerava a personificação da sabedoria. O livro deve ter assumido a forma final no século III a.C.

Para o autor, como era pensamento da época, todos os mortos vão para o lugar chamado *cheol*, onde não há consolação nem felicidade, onde não se tem mais nenhuma relação com o que acontece na terra. Essa ideia pessimista após a morte, leva o autor a aconselhar os leitores a gozar dos bens desta vida dados por Deus, mas sabe que não poderão satisfazer plenamente o coração do homem.

No entanto, junto com esse pessimismo há um espírito de profunda religiosidade. Insiste na disposição sempre sábia da Providência divina, e conclui que tudo o que há de bom na vida é dom de Deus, e o homem haverá de prestar contas dos seus atos a Deus.

Toda a moral do livro resume-se nos últimos versículos: "Como conclusão geral, teme a Deus e observa os seus preceitos; é este o dever de todo o homem" (12,13).

O Eclesiastes é parecido com o livro de Jó, uma vez que ambos tratam da questão do sofrimento. O termo eclesiastes quer dizer "orador" ou "pregador", aquele que fala na assembleia. Enquanto Jó parte da realidade do mal, Eclesiastes parte da vaidade e da deficiência de todos os bens.

Quem lê o livro pode à primeira vista ficar confuso, quando recomenda o gozo dos bens materiais; no entanto, são apenas reflexões que o autor faz consigo mesmo, contraditórias, antes de chegar às conclusões. Por fim termina dizendo: "teme a Deus e guarda os seus mandamentos".

O Cântico dos Cânticos

Este nome quer dizer "o mais belo dos cânticos". O tema do livro é o amor de um homem e rei chamado Salomão por uma jovem chamada de "a sulamita", guarda de vinhas e pastora. A interpretação é a seguinte: sob a imagem do esposo é figurado o próprio Deus e, sob a imagem da esposa, a filha de Sion, o povo de Israel, que Deus escolheu entre todas a nações. Na perspectiva cristã é a figuração de Cristo (Esposo) e a Igreja (Esposa).

Os místicos viram também na figura da esposa a Virgem Maria e, também, qualquer alma fiel a Deus.

As fortes cenas de amor são uma maneira oriental de se expressar e não devem nos impressionar ou levar a conclusões erradas; são fortes para mostrar o quanto Deus ama a humanidade.

O *Cântico dos Cânticos* é uma coleção de poemas que, originariamente, devem ter sido usados nas solenidades de núpcias. As festas nupciais eram para os antigos judeus a ocasião propícia para a manifestação de sua fé nos destinos de Israel, que era considerada a esposa de Deus.

Na união dos novos cônjuges, viam com religiosa alegria como a Aliança de Deus com Israel ia se perpetuando. O amor humano era, portanto, o símbolo dessa Aliança. O Cântico prega a fidelidade.

A Igreja, abrindo ainda mais esta bela interpretação, viu no Cântico a figura do amor de Cristo para com a sua Igreja, sua Esposa. O livro celebra a satisfação única e perfeita que a alma cristã encontra no seu Bem-Amado.

Na liturgia, a Igreja usa o Cântico para celebrar o amor da Virgem Maria para com o seu Filho.

O LIVRO DA SABEDORIA

Este livro foi escrito por um judeu de Alexandria, no norte do Egito, com o objetivo de fortalecer a fé dos judeus que aí viviam, de modo a não aderirem à religião dos povos desta região, e não abandonarem o culto do Deus único. Muitos judeus viviam nesta rica cidade fundada por Alexandre Magno (†324 a.C.). O autor exalta a Sabedoria judaica, cuja origem é Deus; e quer mostrar que ela nada é inferior à grega, que domina Alexandria. Ele quer mostrar que o conceito de vida do povo judeu nada tem que invejar da sabedoria de vida dos pagãos. É ela que dá aos homens a imortalidade.

O autor fala da Sabedoria, tal como ela é em Deus, como em nenhum outro livro do Antigo Testamento. Ela é apresentada como personificada em uma pessoa que pensa, que fala e que age. É esta Pessoa que criou o mundo belo e perfeito e que, como conselheira de Deus, dirige o universo e o mantém em ordem. É sem dúvida uma prefiguração de Jesus Cristo.

Essas palavras nos levam a lembrar as de São João: "Tudo foi feito por Ele, e sem Ele nada foi feito" (Jo 1,3).

O conteúdo do livro é um louvor à Sabedoria de Deus. Primeiro o autor mostra essa Sabedoria nas obras da vida de cada homem, que é recompensada na vida eterna; em seguida mostra o papel que a Sabedoria representou na vida de Salomão; e por fim mostra esta Sabedoria na criação, na história da humanidade e, de modo especial, na história do povo de Deus.

É quase certo que o livro tenha sido escrito em grego, e o seu autor é desconhecido, embora às vezes fale na pessoa de Salomão. É uma ficção literária. Provavelmene foi escrito no último século antes da nossa era. A profunda convicção religiosa do livro já se aproxima da revelação do Novo Testamento.

Numerosas passagens da Carta aos Hebreus fazem alusões evidentes a certos trechos da Sabedoria. É o último livro escrito no Antigo Testamento e contém as primeiras revelações da imortalidade da alma e da vida eterna. Sem dúvida foi uma excelente ponte para o Novo Testamento.

O Eclesiástico (ou Sirácidas)

Este belo livro de Sabedoria concebe a vida com base nos mandamentos da Lei de Deus.

A tradução grega é "Sabedoria de Jesus, filho de Sirac". Os cristãos de língua latina o chamavam de *"Ecclesiasticus"*, já que era usado para ensinar os bons costumes aos catecúmenos que se preparavam para o Batismo. Era o livro da *"Ecclesiae"* (Igreja). É um pouco parecido com o livro dos Provérbios, mas revela uma fase mais avançada do pensamento dos judeus.

O livro deve ter sido escrito aproximadamente no ano 190 a.C. em Jerusalém e em hebraico, e depois foi traduzido para o grego em 132 a.C. Perdeu-se o texto original em hebraico, mas no final do século passado foram encontrados importantes fragmentos da obra.

O texto grego que possuímos é uma tradução feita pelo neto do autor, para colocá-lo à disposição dos judeus egípcios, que na época já não conheciam mais o hebraico e o aramaico, por estarem há muito tempo fora de Israel.

Foi escrito durante um tempo agitadíssimo na Palestina por causa das disputas desta por parte dos reis da Síria e do Egito. Por isso, muitos judeus aderiram à cultura grega. Então, o autor defende um modo de vida segundo a lei de Deus na vida particular, religiosa e social. Chama o povo à fidelidade às tradições de

Israel, e quer mostrar que não há outro povo que tenha a sabedoria de Israel, já que esta lhe veio do próprio Deus.

Neste sentido, o autor trata de todos os assuntos da vida humana: exortações aos maridos, às esposas, aos filhos, aos senhores, aos homens da lei, aos anciãos, etc. Fala da riqueza, da pobreza, do comércio, da educação, da hospitalidade, da relação entre as pessoas, e até regras de boas maneiras de como se portar num banquete. E tudo é visto sob um ponto de vista religioso.

Esses ensinamentos conservam o seu imenso valor, especialmente na recomendação da virtude e da fuga do pecado sob todas as suas formas. É por isso que a Igreja o usava na instrução dos que se preparavam para o batismo.

Os judeus e os protestantes não reconhecem a sua canonicidade, pelo fato deste livro ter sido incluído mais tarde na relação dos livros inspirados; mas a Igreja católica o tem como canônico.

O livro divide-se em duas grandes partes: a primeira divide-se em sete séries de sentenças começando sempre com o elogio da sabedoria; a segunda parte subdivide-se em duas seções, contendo a primeira um cântico de louvor à sabedoria de Deus, que resplandece em todas as suas obras, e a segunda parte descreve a sábia Providência de Deus.

O autor apresenta-se com o nome de Jesus, filho de Eleazar, filho de Sirac. Era um escriba originário de Jerusalém.

OS LIVROS PROFÉTICOS

Os livros proféticos são 18. A partir de Samuel (século XI a.C.) até Malaquias (século V a.C.) a série dos profetas foi ininterrupta e eles exerceram papel muito importante no reino de Israel: eram conselheiros dos reis, censuravam as injustiças, condenavam toda idolatria, etc.

Os profetas Isaías, Jeremias, Oseias e Amós, atuaram antes do exílio (587-538 a.C.) e mostravam aos reis e ao povo as suas faltas, pelas quais Deus os abandonaria nas mãos dos estrangeiros.

Os profetas Ezequiel e o "segundo" Isaías (Is 40-55) agiram durante o exílio procurando erguer o ânimo do povo.

Os profetas Ageu, Zacarias e Malaquias atuaram depois do exílio incentivando o povo a reconstruir o Templo e os muros de Jerusalém, além de empreender a reforma religiosa, moral e social da comunidade judaica e predizendo a glória do futuro Messias.

Os profetas Oseias, Amós, Miqueias, Joel, Abdias, Jonas, Naum, Habacuc, Sofonias, Ageu, Zacarias, Malaquias, em número de 12, são chamados de profetas menores, não porque não foram importantes, mas porque nos deixaram escritos pequenos, que já no século II antes de Cristo eram colecionados em um só volume (rolo).

Não é possível saber com exatidão a época em que cada um deles atuou, mas sabemos que agiram do século VIII ao século III a.C. e fornecem dados importantes da história de Israel e dos povos vizinhos.

O LIVRO DE ISAÍAS

O profeta viveu de 740 a 690 a.C. Foi chamado por Deus ao ministério profético e o exerceu por 50 anos.

Mas não foi o único autor de todo o livro. O livro divide-se em três partes: Isaías I (capítulos 1-39) é do tempo do profeta; aconteceu nos reinados de Osias, Joatão, Acaz, Ezequias (2Rs 15-20).

Isaías II (40-55) é da época do exílio da Babilônia (587-538 a.C.) e Isaías III (56-66) foi escrito após o exílio, na época da restauração do povo na sua terra.

O profeta Isaías era filho de nobre família de Jerusalém, poeta, foi conselheiro dos reis Joatão, Acaz e Ezequias numa época de infidelidade moral e religiosa por parte do povo de Israel. O livro de Isaías, por isso, é dito da "escola de Isaías"; isto é, seus discípulos devem ter continuado a obra do mestre através dos séculos.

Isaías é o profeta da justiça, denuncia a idolatria, os abusos sociais que se alastravam no seu tempo, ameaça os ricos e os poderosos e aqueles que levam uma vida vazia. Com veemência chama o povo ao arrependimento e à fé. Avisa que um terrível julgamento de Deus vai desencadear-se sobre Israel, e que as nações pagãs serão as executoras desse julgamento, mas também elas, por sua vez, serão julgadas e destruídas.

E quanto a Israel um "Resto" será salvo. E no bojo de todas essas previsões encontramos a firme esperança num Rei glorioso que há de vir para restaurar a ordem do mundo: o Messias, que ele chama de "Príncipe da Paz" (Is 9,5).

Já na segunda parte do livro, após o castigo do exílio muito bem avisado, o profeta apresenta-se como agente da consolação e da esperança. Mostra ao povo o Deus majestoso, criador e soberano, vencedor do mundo e salvador do seu povo.

É impressionante e notável os poemas sobre o Servo de Javé, sofredor, homem das dores, numa referência clara ao Cristo redentor da humanidade, como o cordeiro de Deus que é levado ao matadouro em silêncio, sem abrir a boca (Is 52-53). Aqui está o ponto mais alto da profecia de Isaías.

Sobre as profecias "contra as nações pagãs", devemos entender que era pensamento de todos os profetas que Deus usava as nações pagãs (Egito, Síria, Babilônia, Pérsia, etc.) para castigar e corrigir os erros de Israel, especialmente a idolatria; mas essas nações, por sua vez, também seriam vencidas e destruídas, de modo especial quando chegar o Messias salvador de Israel. A Igreja sempre interpretou isto em relação à conquista das nações que só será realizada no final dos tempos, por ocasião da Parusia, a volta gloriosa de Cristo, no final da História.

Entre as mais belas passagens do profeta Isaías podemos notar: as censuras a Jerusalém por seus pecados (1-5); a vocação do profeta (6); o reino do Messias (9-11); o cântico dos resgatados (26); a felicidade dos tempos messiânicos (36); o anúncio da libertação (40); o Servo do Senhor (42,49-55); a glória da nova Jerusalém (60-61); as orações no tempo da angústia (62-64).

O LIVRO DE JEREMIAS

O profeta viveu de 650 a 567 a.C., nasceu perto de Jerusalém, em Anatot, de uma família sacerdotal. O tempo de sua profecia estendeu-se por um período de 40 anos, começando no tempo do rei Josias (622), na época em que foi descoberto no Templo de Jerusalém um exemplar do livro da Lei, identificado com o Deuteronômio.

Jeremias foi um profeta atraente; enquanto os demais pouco falam de si mesmos, ele, ao contrário, fala bastante dos seus sofrimentos, das suas angústias, hesitações, da sua timidez, etc.

Embora tenha havido uma reforma religiosa nesta época, por parte do rei Josias, ela foi de curta duração, e o povo continuou a não observar bem a Lei do Senhor.

Deus havia dado a Jeremias uma missão árdua, mas o profeta era tímido, sensível e hesitante, e viu-se obrigado a ser o "profeta das desgraças". Tornou-se objeto de ira daqueles que não viviam segundo a Lei. Foi, então, caluniado, preso e quase perdeu a vida. Foi acusado de derrotismo, porque aconselhava aos que tinham se salvado do primeiro cerco de Jerusalém, a não se revoltar contra os caldeus (o que não daria resultados bons) e que procurassem asilo no Egito. Ele predisse ao povo um longo exílio de 70 anos, e que de fato ocorreu (598-538).

O rei, como represália, mandou destruir o livro das profecias de Jeremias, e o profeta foi preso em uma cisterna com lodo no fundo, de onde foi libertado por um escravo do rei.

Mesmo tímido, o profeta não deixa de cumprir a missão que o Senhor lhe confiara, e continua a anunciar a queda de Jerusalém, mas sempre dizendo que haveria uma esperança no futuro.

Quando em 587 a.C. Jerusalém caiu definitivamente nas mãos de Nabucodonosor, o profeta assistiu às deportações do povo para a Babilônia, ficando porém, com alguns pobres agricultores autorizados a permanecer na Palestina. Muitos desses fugiram para o Egito, levando o profeta à força. Jeremias, então, anuncia a invasão do Egito e prevê o fim do exílio; e tudo aconteceu. Acabou morrendo no Egito, em Tafnés, em 586 a.C.

Jeremias tornou-se, pela sua pessoa, uma figura de Jesus Cristo; símbolo do justo sofredor, "o homem das dores, habituado ao sofrimento por causa dos pecados do seu povo". As suas queixas diante das injustiças, são hoje usadas na liturgia da Semana Santa pela Igreja, para expressar a dor e os sofrimentos internos de Jesus durante a sua Paixão.

Alguns textos especiais de Jeremias são: a vocação do profeta (capítulo 1); os oráculos contra os juízes infiéis (capítulos 2-7); os oráculos contra a idolatria (capítulo 10); os sofrimentos e queixas do profeta (15,18,20); as ações simbólicas (19,24); as promessas de restauração de Israel (capítulos 30-33) e episódios da vida do profeta (36-44).

O livro das Lamentações

É uma coleção de cinco cânticos que choram a queda da Cidade Santa de Jerusalém ocorrida em 587 a.C. Os quatro primeiros são acrósticos. Reconhece a culpa do povo por causa dos seus pecados e o convoca à penitência e à oração.

Foram escritos durante os anos que se seguiram à queda de Jerusalém em 587 a.C. nas mãos dos babilônios. Não há certeza se foi Jeremias o seu autor.

Este livro era lido todos os anos na comunidade de Israel no dia do aniversário da destruição da cidade santa e do Templo, para levar os ouvintes a reconhecer as próprias culpas e chamá-los a uma nova confiança na misericórdia de Deus, que apesar dos castigos sempre permaneceu fiel à Aliança com Israel.

O LIVRO DE BARUC

Baruc foi conselheiro e secretário (amanuense) de Jeremias. Há dúvidas se foi o mesmo profeta Baruc, ou outra pessoa de mesmo nome. Acompanhou-o ao Egito após a queda de Jerusalém em 587 a.C. O autor tratou do povo no exílio da Babilônia e exorta-o para que não caia na idolatria dos babilônios, viva a lei de Moisés e não desanime.

A primeira parte deve ter sido escrita em hebraico, mas só possuímos hoje o texto traduzido em grego. É uma exortação à penitência. A segunda parte, provavelmente escrita em grego, contém além do grande poema à Sabedoria como único meio de se chegar a Deus, um grande apelo à coragem e à esperança.

O LIVRO DE EZEQUIEL

O profeta Ezequiel (= Deus dá força), era sacerdote, casado, e perdeu a esposa um pouco antes da queda de Jerusalém em 587 a.C.

Exerceu o seu ministério aproximadamente de 593 até 571 a.C. e, segundo uma tradição judaica morreu apedrejado pelos judeus. Acompanhou o povo de Judá na fase mais crítica da sua história, quando Jerusalém caiu sob Nabucodonosor e o povo foi deportado pela primeira vez para a Babilônia (598 a.C.).

O povo estava desconsolado no exílio, e já começava a praticar os cultos idolátricos da gente da terra. É neste contexto que surge o profeta Ezequiel em 593 a.C. no exílio. Ali Ezequiel exercia o mesmo papel que Jeremias em relação ao povo que tinha permanecido na Palestina.

Ezequiel deixou claro para o povo, no exílio, que o Templo de Jerusalém seria destruído, o que o povo não acreditava. Em 587 a.C., ocorreu de fato a queda e a destruição de Jerusalém, e um segundo exílio aumentou ainda mais a angústia do povo na Babilônia.

O livro de Ezequiel tem quatro partes:

1. (capítulos 4-24), onde censura os judeus antes da queda de Jerusalém por causa dos seus pecados;

2. (capítulos 25-32), contém oráculos contra os povos estrangeiros que oprimiram os hebreus;

3. (capítulos 33-39), consola o povo durante e após o cerco de Jerusalém, prometendo-lhe tempos melhores;

4. (40-48), descreve a nova cidade e o novo Templo após a volta do exílio.

Ezequiel é conhecido como o profeta de linguagem firme e corajosa, com estilo imaginativo.

Nos capítulos 1 a 5 do livro temos a visão na qual lhe revela a sua missão. Ele pode contemplar a glória de Deus.

O profeta também ficou célebre pelas estranhas ações simbólicas narradas nos capítulos 4, 5 e 12; onde aparecem uma espécie de "histórias sem palavras", como disse alguém, mas cujo sentido é claro para os ouvintes, e que às vezes o profeta faz questão de explicar.

Pela primeira vez na revelação vamos encontrar em Ezequiel o ensinamento da responsabilidade individual. Acreditava-se que era por causa dos pecados dos antepassados que as pessoas sofriam todos os castigos, como o próprio exílio. E isto servia de desculpas. Então o profeta expõe com clareza o princípio da responsabilidade individual (capítulos 14 e 18).

O profeta compara a união do povo eleito com Deus à união de um esposo com a sua esposa, e chama de adultério toda infidelidade para com Deus, e de prostituição todo ato de idolatria. É preciso conhecer isto para se compreender os capítulos 16, 20 e 23.

O LIVRO DE DANIEL

O profeta Daniel (= Deus é meu juiz), é o principal personagem do Livro. Os capítulos de 1 a 6 formam um núcleo histórico e contam a história do profeta.

Daniel foi um hebreu deportado para a Babilônia em 606 a.C., fiel à lei de Deus, de fé ardente e patriotismo forte; Deus o enriqueceu com dons diversos, tendo-se tornado importante na corte de Babilônia.

Os capítulos 7 a 12 têm uma forma apocalíptica, com o seguinte sentido: na época em que os judeus estavam oprimidos por Antíoco Epífanes (167-164 a.C.) um hebreu piedoso escreveu a história dos últimos séculos de Israel, com a finalidade de animar os irmãos. Para isso deve ter usado de documentos antigos que possam talvez remontar à época do profeta.

O livro primeiro narra a vida do profeta no meio dos habitantes da Babilônia. Em seguida encontramos uma série de descrições imaginativas e solenes, de misteriosas visões atribuídas ao mesmo profeta, no estilo apocalipse, onde revela acontecimentos futuros. Por último o livro traz três narrações: a de Suzana, a de Bel e a do dragão, que São Jerônimo considerava como contos destinados à edificação moral.

É a expectativa pelo reino de Deus que atravessa toda a profecia, mas de maneira sempre velada, nos símbolos e figuras. As páginas obscuras são às vezes explicadas pelo próprio autor; por exemplo, nos capítulos 2-8 nos ensinam a ver o sentido das grandes visões descritas (o colosso de pés de argila; os quatro animais; os bodes...) um modo escondido de revelar os grandes impérios que se sucederam no oriente, desde os tempos do exílio até a época em que o autor vivia.

Mostra o autor que depois desses reinos, especialmente o de Antíoco Epífanes (176-163), que escravizava os judeus na Palestina; viria um "Reino que jamais será destruído" (2,44).

O profeta lança as suas perspectivas na vida eterna, revelando a preparação do reino de Deus pela restauração religiosa de Israel, bem como a sua consumação no fim dos tempos. Isto não é feito de maneira cronológica. À primeira vista pode-se confundir a perseguição de Antíoco Epífanes com aquela que a Igreja espera para o fim dos tempos. O leitor fica na incerteza quanto ao tempo. Este reino anunciado pelos profetas é o que será realizado por Jesus Cristo. Ezequiel deixou subentendido a segunda vinda do Messias no final dos tempos, exatamente como a Igreja o afirma.

Jesus citou expressamente uma passagem de Daniel (9,27) no discurso sobre a destruição de Jerusalém e o fim do mundo (Mt 24,15).

A profecia de Daniel continua, portanto, com toda a sua atualidade; isto é, devemos contar com toda espécie de provações e, no meio delas, devemos ter uma confiança absoluta na vinda do Senhor.

São dignas de nota várias passagens como: o sonho da estátua (capítulo 2); o festim de Baltazar (5); a fossa dos leões (6); a oração de Daniel (9); os tempos messiânicos (12); a história edificante de Suzana (13).

Mais do que um livro profético, é um midraxe e um apocalipse, escrito no século II a.C. não pelo profeta, mas por alguém que contou a sua história.

Os profetas menores

Amós

O profeta Amós era natural de Técua (Judá), perto de Belém, pastor de gado e cultivador de sicômoros. Exerceu o chamado profético no reino do norte, da Samaria, sob o rei Jeroboão II (783-743 a.C.).

Pregou contra o luxo, a depravação dos costumes, o culto idolátrico, a opressão dos pobres, a corrupção dos juízes, as injustiças sociais que devastavam a Samaria. Anunciou a queda do reino da Samaria em 721 a.C. nas mãos dos Assírios e deu a entender que também o reino de Judá seria castigado por causa da idolatria. Foi um ministério curto, mas forte.

Amós apresenta a perspectiva messiânica sob a imagem de uma extraordinária prosperidade agrícola.

Oseias

O profeta Oseias era oriundo do reino do norte, da Samaria. Pregou também no reinado de Jeroboão II (783-743 a.C.), e exerceu esse ministério até o reinado de Manaém (745-735).

Toda a sua profecia mostra a infidelidade de Israel para com o seu Deus. O livro mostra, pela primeira vez na Bíblia, as relações de Javé com o povo judeu simbolizadas pelo casamento. O profeta se casa com uma mulher leviana (Gomer), que o engana; mas que cai na escravidão; é, então resgatada pelo profeta que a recebe de novo como esposa.

Assim também acontece entre Javé e Israel. Esta imagem é depois usada por quase todos os profetas depois de Oseias.

O tema principal do livro é o amor de Javé pelo seu povo.

MIQUEIAS

O profeta Miqueias profetizou sob Joatá, Acaz e Ezequias, reis de Judá (740-690 a.C.).

Era judeu originário de Moreset, aldeia vizinha de Hebron. Foi contemporâneo de Isaías. Profetizou a queda do reino do norte (Samaria) na mão dos assírios e anunciou para Judá um castigo semelhante.

Deve ter conhecido a queda do reino do norte em 721 e a invasão de Judá em 701 por Senaquerib.

O profeta Jeremias cita um dos seus oráculos contra Judá (Jr 26,18-19). Sabe-se dessa passagem que a sua pregação deixou uma profunda impressão em Jerusalém.

Encontramos neste livro uma notável profecia messiânica (Mq 5,1-4):

"Mas tu Belém-Efrata, tão pequena entre os clãs de Judá, é de ti que sairá para mim aquele que é chamado a governar Israel. Suas origens remontam a tempos antigos, aos dias do longínquo passado..."

SOFONIAS

Exerceu seu ministério sob o piedoso rei Josias (640-609 a.C.), que fez uma forte reforma religiosa em 622 (2Rs 22 e 23).

A mensagem principal de Sofonias é o anúncio do Dia do Senhor, sob a figura de um sacrifício ritual, em que todos serão castigados, salvos os que praticam a justiça, a humildade e a obediência à lei. Também abordaram esse tema, Amós e Isaías.

O profeta anuncia uma perspectiva messiânica: o Senhor salvará o resto do seu povo, que lhe servirá na justiça, na humildade e na piedade. O nome de Deus será glorificado entre os pagãos, e Israel, purificado pelo castigo, será de novo recebido na amizade de Deus.

"Solta gritos de alegria, filha de Sião!

Solta gritos de júbilo, ó Israel!
Alegra-te e rejubila-te de todo o teu coração, filha de Jerusalém!
O Senhor revogou a sentença pronunciada contra ti, e afastou o teu inimigo.
O rei de Israel que é o Senhor está no meio de ti; não conhecerás mais a desgraça..." (Sf 3,14-20).

Naum

Naum era natural de Elcós, e a sua vida é desconhecida. Este livro trata somente da queda de Nínive, capital do império Assírio, que ameaçava os povos vizinhos e Judá. O livro é pouco anterior à queda de Nínive em 612 a.C.

Habacuc

Habacuc é um profeta filósofo e parece ter sido um dos primeiros profetas de Israel a pensar no problema do mal.

O livro trata do tema "porque o ímpio prevalece sobre o justo e o oprime?"

Este oráculo parece pertencer à época que seguiu a batalha de Carquemish, em 605 a.C. Ele anuncia a invasão de Israel pelos assírios.

O Senhor responde indicando a queda final dos ímpios e a vitória dos justos. Mostra que Deus, por caminhos obscuros, prepara a vitória do direito e dos justos. "O justo viverá pela fé" (Hab 2,4; Rm 1,17; Gl 3,11; Hb 10,38). Então, a terra inteira será cheia do conhecimento do Senhor.

Ageu

Este profeta dá início ao último período dos profetas, após o exílio. O tom é o da Restauração.

Ageu acompanha o povo na volta da Babilônia. Essa gente era hostilizada pelos estrangeiros que moravam na Judeia e nos países vizinhos, e passava dificuldades. Então, o profeta exorta este povo a reconstruir o Templo, e isto como condição para a vinda de Javé e do seu reino. Exerceu seu ministério em Jerusalém no ano 520 a.C., quando se reconstruia o Templo. Ele é mencionado em Esdras (5,1; 6,14).

Embora o livro traga o seu nome, deve ter sido escrito por um discípulo.

ZACARIAS

Zacarias é contemporâneo de Ageu e exerceu o ministério também por volta do ano 520 a.C., após o retorno do exílio. O seu horizonte é porém mais vasto.

O livro se refere a oito visões do profeta que tratam da restauração e da salvação de Israel.

Seguem-se os oráculos messiânicos. A segunda parte do livro é de difícil entendimento, com fatos históricos difíceis de conhecer e com um apocalipse que descreve as glórias de Jerusalém nos últimos tempos, o castigo dos seus inimigos e a conversão das nações.

Sua linguagem é simbólica e tenebrosa: um anjo transmite-lhe oráculos divinos. Ele prega uma reforma moral, ao mesmo tempo em que exorta o povo a reconstruir o Templo. Ele vê em Zorobabel, que veio do exílio para reconstruir o Templo, o eleito do Senhor, dando-lhe o título messiânico de Gérmen.

A segunda parte do livro (capítulos 9-14) representa uma situação histórica diferente, que parece se referir às últimas décadas do século IV antes de Cristo.

O livro contém uma importante descrição do reino pacífico do Messias.

MALAQUIAS

Seu nome significa "meu mensageiro".

Admite-se que os oráculos de Malaquias tenham sido pronunciados nos anos que precederam imediatamente a vinda do governador Neemias (444).

O profeta fala do amor de Deus por seu povo, e mostra que o castigo de Edom é uma prova disso. E explica porque Deus não é mais generoso em bênçãos: negligência no ministério sacerdotal, no respeito (casamentos mistos e divórcio), e na falta do pagamento do dízimo. A sua pregação preparou a reforma de Neemias e Esdras.

O profeta anuncia o dia do Senhor que purificará os sacerdotes e levitas, punirá os maus e concederá o bem aos justos. Fala da promessa da vinda de Elias que precederá o dia do juízo final.

O livro é de aproximadamente 515 a.C., anterior à proibição dos casamentos mistos devida à reforma de Esdras e Neemias em 445 a.C.

É bela a exortação sobre o pagamento do dízimo:
"Pagai integralmente o dízimo ao tesouro do Templo, para que haja alimento em minha casa. Fazei a experiência, diz o Senhor dos exércitos, e vereis se não vos abro os reservatórios do céu e se não derramo a minha bênção sobre vós muito além do necessário!" (Mal 2,10)

ABDIAS

É o menor dos livros proféticos, e de difícil entendimento. Dirigido a Edom, povo vizinho de Judá, sob o rei Jorá (848-841 a.C.), o livro exalta a justiça e o poder de Javé, que age como defensor do direito.

Parece que a composição deste oráculo, de um profeta desconhecido, deve ser fixada na época do exílio.

Joel

Este profeta só nos é conhecido por seu poema. Sabe-se que profetizou no reinado de Judá, e sobretudo em Jerusalém, donde é originário. Ele mostra o conhecimento do culto, o amor do povo e a cultura religiosa que se espera encontrar num membro da classe sacerdotal.

O livro foi escrito após o exílio, próximo do ano 400 a.C. É um compêndio da escatologia (últimos tempos) judaica. Descreve o Dia do Senhor, caracterizado pela efusão do Espírito Santo, o juízo sobre as nações e a restauração messiânica do povo eleito.

O ataque dos gafanhotos, da primeira parte, indica os acontecimentos que antecederão imediatamente o Dia do Senhor. A segunda parte tem a forma de um apocalipse que descreve a intervenção final de Deus na história, com abalo cósmico.

É digno de nota a narração do Dia do Senhor, com o derramamento do Espírito Santo:

"Depois disto acontecerá, que derramarei o meu Espírito sobre todo ser vivo: vossos filhos e vossas filhas profetizarão; vossos anciãos terão sonhos, e vossos jovens terão visões. Naquele dia derramarei também o meu Espírito sobre os escravos e as escravas..." (Jl 3,1-5).

São Pedro lembra essa profecia na manhã de Pentecostes, indicando o seu cumprimento.

Jonas

O livro de Jonas é diferente de todos os outros livros proféticos.

Narra a história de um profeta, Jonas, que recusou a ordem do Senhor para que fosse pregar aos ninivitas. Milagrosamente conduzido pela providência divina chega a Nínive e consegue converter a grande cidade.

Deus lhe ensina que a sua misericórdia atinge a todos os povos e não apenas os judeus. Esse é o ensinamento mais importante do livro. Deus mostra a Jonas que se ele se preocupa com uma árvore que o sol secou, não é de estranhar que se preocupe com todo um povo que deseja converter-se.

É uma narração didática, parabólica, não histórica, para mostrar aos judeus do século V a.C., muito nacionalistas, que a salvação é universal.

No segundo livro dos Reis (14,25), fala-se de um profeta Jonas contemporâneo de Oseias e de Amós, mas não foi ele que escreveu o livro desse nome. Este livro foi escrito depois do exílio da Babilônia.

São Gregório Nazianzeno (330-379), doutor da Igreja, via aí um ensinamento religioso velado sob a forma de uma parábola.

Resumo dos livros do Novo Testamento

Os Evangelhos

A palavra *Evangelho* vem do grego *evangélion*, que quer dizer "Boa Notícia". Para os apóstolos era "aquilo que Jesus fez e disse" (At 1,1). É a força renovadora do mundo e do homem.

A Igreja reconhece como canônicos (inspirados por Deus) os quatro Evangelhos: Mateus, Marcos, Lucas e João. Os três primeiros são chamados de "sinóticos" porque podem ser lidos em paralelo, já o de São João é bastante diferente. Existem também evangelhos apócrifos que a Igreja não reconheceu como Palavra de Deus. São os de Tomé, de Tiago, de Nicodemos, de Pedro, os Evangelhos da Infância, etc. Eles contém verdades históricas junto com narrações fantasiosas e heresias.

Os evangelhos são simbolizados pelos animais descritos em Ezequiel (1,10) e Apocalipse (4,6-8): o leão (Marcos), o touro (Lucas), o homem (Mateus), a águia (João). Foi a Tradição da Igreja nos séculos II a IV que tomou essa simbologia tendo em vista o início de cada evangelho. Mateus começa apresentando a genealogia de Jesus (homem); Marcos tem início com João no deserto, que é tido como morada do leão; Lucas começa com Zacarias a sacrificar no Templo um touro, e João começa com o Verbo eterno que das alturas desce como uma águia para se encarnar.

Jesus pregou do ano 27 a 30 sem nada deixar escrito, mas garantiu aos Apóstolos na última Ceia, que o Espírito Santo os faria "relembrar todas as coisas" (Jo 14,25) e lhes "ensinaria toda a verdade" (Jo 16,13). Desta promessa, e com esta certeza, a Igreja que nasceu com Pedro e os Apóstolos, sabe que nunca errou o caminho da salvação. De 20 a 30 anos após a morte de Jesus os Apóstolos sentiram a necessidade de escrever o que pregaram durante esses anos, para que as demais comunidades fora da Terra Santa pudessem conhecer a mensagem de Jesus.

O Evangelho de Mateus

É o primeiro que foi escrito, em Israel e em aramaico, por volta do ano 50. Serviu de modelo para Marcos e Lucas. O texto de Mateus foi traduzido para o grego, tendo em vista que o mundo romano da época falava o grego. O texto aramaico de Mateus se perdeu. Já no ano 130, o Bispo Pápias, de Hierápolis, na Frígia, fala deste texto.

Também Santo Irineu (†200), que foi discípulo de São Policarpo, que por sua vez foi discípulo de São João evangelista, fala do Evangelho de Mateus, no século II.

Comprova-se aí a historicidade do Evangelho de Mateus. Ele escreveu para os judeus de sua terra, convertidos ao cristianismo. Era o único dos apóstolos habituado à arte de escrever, a calcular e a narrar os fatos. Compreende-se que os próprios Apóstolos o tenham escolhido para esta tarefa. O objetivo da narração foi mostrar aos judeus que Jesus era o Messias anunciado pelos profetas, por isso, cita muitas vezes o Antigo Testamento e as profecias sobre o Messias. Como disse Renan, o evangelho de Mateus tornou-se "o livro mais importante da história universal".

O Evangelho de Marcos

São Marcos não foi apóstolo, mas discípulo deles, especialmente de Pedro, que o chama de filho (1Pd 5,13). Foi também companheiro de São Paulo na primeira viagem missionária (At 13,5; Cl 4,10; 2Tm 4,11). O testemunho mais antigo sobre a autoria do segundo evangelho, é dado pelo famoso bispo de Hierápolis, na Ásia Menor, Pápias (†135).

O Evangelho de Lucas

Lucas não era judeu como Mateus e Marcos (isto é interessante!), mas pagão de Antioquia da Síria (Cl 4,10-14). Era culto e médico. Ligou-se profundamente a São Paulo e o acompanhou em trechos da segunda e terceira viagem missionária do apóstolo (At 16,10-37; 20,5-21). No ano de 60 foi para Roma com Paulo (At 27,1-28) e ficou com ele durante o seu primeiro cativeiro (Cl 4,14; Fm 24) e acompanhou Paulo no segundo cativeiro (2Tm 4,11). A Tradição da Igreja dá testemunho deste Evangelho.

O texto foi escrito em grego, numa linguagem culta e há uma afinidade com a linguagem e a doutrina de São Paulo. Foi escrito por volta do ano 70. Como escreveu para os pagãos convertidos ao cristianismo, não se preocupou com o que só interessava aos judeus.

Mateus mostra um Jesus como Mestre notável por seus sermões – o novo Moisés; Marcos o apresenta como o herói admirável (o Leão da tribo de Judá – Ap 5,5); Lucas se detém mais nos traços delicados e misericordiosos da alma de Jesus. É o evangelho da salvação e da misericórdia. É também o evangelho do Espírito Santo e da oração. E não deixa de ser também o evangelho da pobreza e da alegria dos pequenos e humildes que colocam a confiança toda em Deus.

O Evangelho de João

São João era filho de Zebedeu e Salomé (cf. Mc 15,40) e irmão de Tiago maior (cf. Mc 1,16-20). Testemunhou tudo o que narrou, com profundo conhecimento. É o "discípulo que Jesus amava" (Jo 21,40). Este evangelho foi escrito entre os anos 95 e 100 d.C., provavelmente em Éfeso onde João residia.

João não quis repetir o que os três primeiros evangelhos já tinham narrado, mas usou essas fontes. Escreveu um evangelho profundamente meditado e teológico, mais do que histórico como os outros. Contudo, não cedeu a ficções ou fantasias sobre o Mestre, mostrando inclusive dados que os outros evangelhos não têm.

Apresentando essa doutrina, ele quis fortalecer os cristãos contra as primeiras heresias que já surgiam, especialmente o gnosticismo que negava a verdadeira encarnação do Verbo. Cerinto e Ebion negavam a divindade de Jesus, ensinando a heresia segundo a qual o Espírito Santo descera sobre Jesus no batismo, mas o deixara na Paixão. É um evangelho profundamente importante para a teologia dogmática e sacramental especialmente.

Os Atos dos Apóstolos

Não há dúvida de que foi escrito por São Lucas, médico e companheiro de São Paulo. Conta a história da Igreja, desde Pentecostes, guiada pelo Espírito Santo, até chegar em Roma com São Pedro e São Paulo.

Teofilacto (†1078) dizia que:

"Os evangelhos apresentam os feitos do Filho, ao passo que os Atos descrevem os feitos do Espírito Santo."

O livro se divide em duas partes: uma que é marcada pela pessoa de Pedro (At 1 a 12), e a outra marcada por Paulo (At 13 a 28). Pedro leva o Evangelho de Jerusalém à Judeia e à Samaria, chegando até a conversão marcante do primeiro pagão, batizado, Cornélio (At 10,1-11), o que abriu a porta da Igreja para os não judeus.

Paulo promove a evangelização dos gentios mediante três viagens missionárias de grande importância. O capítulo 15 é a ligação entre as duas partes do livro, mostrando Pedro e Paulo juntos em Jerusalém, no ano 49, no importante Concílio de Jerusalém, que aboliu a circuncisão e reconheceu que o Reino de Deus é para toda a humanidade.

O testemunho mais antigo de que Lucas é o autor dos Atos é o chamado *cânon de Muratori*, do século II, que afirma:

"As proezas de todos os apóstolos foram escritas num livro. Lucas, com dedicatória ao excelentíssimo Teófilo, aí reconheceu todos os fatos particulares que se desenrolaram sob seus olhos e os pôs em evidência deixando de lado o martírio de Pedro e a viagem de Paulo da Cidade (Roma) rumo à Espanha."

Notamos que o início de Atos dá uma sequência lógica ao final do evangelho de Lucas, e ambos são dedicados a Teófilo, além de que o estilo e o vocabulário são parecidos. Segundo São Jerônimo (348-420) os Atos foram escritos em Roma e em grego, quando Lucas estava ali ao lado de Paulo prisioneiro, por volta do ano 63.

Os Atos dos Apóstolos são portanto, o primeiro livro de História da Igreja nascente, escrito por uma testemunha ocular dos fatos, que os narrou de maneira precisa e sóbria. Aí podemos conhecer o rosto da Igreja no primeiro século, sua organização, etc. É o evangelho do Espírito Santo.

As cartas de São Paulo

Paulo (ou Saulo) nasceu em Tarso na Cilícia (Ásia menor) no início da era cristã, de família israelita, muito fiel à doutrina e à tradição judaica. Seu pai comprara a cidadania romana, o que era possível naquele tempo, então Saulo nasceu como cidadão romano, legalmente. Aos 15 anos de idade foi enviado para Jerusalém onde recebeu a formação do rabino Gamaliel (At 5,34; 22,3; 26,4;), e foi formado na arte rabínica de interpretar as Escrituras, e deve ter aprendido a profissão de curtidor de couro, seleiro.

Por volta do ano 36 era severo perseguidor dos cristãos, mas se converteu espetacularmente quando o próprio Senhor lhe apareceu na estrada de Jerusalém para Damasco, onde foi batizado por Ananias. Em seguida, permaneceu num lugar perto de Damasco chamado Arábia.

No ano 39 se encontrou com Pedro e Tiago em Jerusalém (Gl 1,18) e depois voltou para Tarso (At 9,26-30) acabrunhado pelo fracasso do seu trabalho em Jerusalém. Ali ficou por cerca de 5 anos, até o ano 43. Nesta época, Barnabé, seu primo, que era discípulo em Antioquia, importante comunidade cristã fundada por São Pedro, o levou para lá. Em 44 Paulo e Barnabé são encarregados pela comunidade de Antioquia para levar a ajuda financeira aos irmãos pobres de Jerusalém. No ano 45, por inspiração do Espírito Santo, Paulo e Marcos (o evangelista) foram enviados a pregar aos gentios (At 13,1-3).

A primeira viagem durou cerca de 3 anos (45-48) percorrendo a ilha de Chipre e parte da Ásia Menor. No ano de 49, Paulo e Barnabé vão a Jerusalém para o primeiro Concílio da Igreja, para resolver a questão da circuncisão, surgida em Antioquia. A segunda viagem foi de 50 a 53, durante a qual Paulo escreveu, em Corinto, as duas Cartas aos Tessalonicenses (At 15,36-18,22). São as primeiras Cartas de Paulo.

A terceira viagem foi de 53 a 58. Neste período ele escreveu "as grandes epístolas", Gálatas e I Coríntios, em Éfeso; II Coríntios, em Filipos; e aos Romanos, em Corinto. No final dessa viagem Paulo foi preso por ação dos judeus e entregue ao tribuno romano Cláudio Lísias, que o entregou ao procurador romano Félix, em Cesareia.

Aí Paulo ficou preso dois anos (58-60), onde apelou para ser julgado em Roma; tinha direito a isso por ser cidadão romano. Partiu de Cesareia no ano 60 e chegou a Roma em 61, após sério naufrágio perto da ilha de Malta.

Em Roma permaneceu em prisão domiciliar até 63. Neste período ele escreveu as chamadas "cartas do cativeiro" (Filêmon, Colossenses, Filipenses e Efésios). Depois deste período Paulo deve ter sido libertado e ido até a Espanha, "os confins do mundo" (Rm 15,24), como era seu desejo. Em seguida deve ter voltado da Espanha para o oriente, quando escreveu as Cartas pastorais a Tito e a Timóteo, por volta de 64-66.

Foi novamente preso no ano 66, no oriente, e enviado a Roma, sendo morto em 67 face à perseguição de Nero contra os cristãos desde o ano 64. São Paulo foi um dos homens mais importantes do cristianismo. Deixou-nos 13 Cartas. Vejamos um resumo delas.

AS CARTAS AOS TESSALONICENSES

As duas Cartas tem como tema central a segunda vinda de Jesus (Parusia), que as primeiras comunidades cristãs esperavam para breve e a sorte dos que já tinham morrido. Paulo admoesta a comunidade para a importância da vigilância. As Cartas do Apóstolo depois dessas falam mais do Cristo presente na Igreja do que da sua segunda vinda.

Tessalônica era porto marítimo muito importante da Grécia, onde havia forte sincretismo religioso e decadência moral; havia uma colônia judaica na cidade, e é na sinagoga que Paulo começa a pregar o Evangelho. Havia dúvidas sobre a iminente volta do Senhor.

Na segunda Carta, Paulo retoma o mesmo assunto, exortando os fiéis a trabalharem, uma vez que ninguém sabe a data da vinda do Senhor. As Cartas devem ter sido escritas por volta do ano 52 quando estava em Corinto, durante a sua segunda viagem missionária pela Ásia.

A Carta aos Gálatas

São Paulo visitou os gálatas na segunda e na terceira viagem apostólica. É hoje a região de Ankara na Turquia. A Carta foi escrita por volta do ano 54, quando Paulo estava em Éfeso, onde ficou por três anos. O motivo da Carta são as ameaças dos cristãos oriundos do judaísmo que querem obrigar ainda a observância da Lei de Moisés. Paulo mostra que é a fé em Jesus que salva e não a Lei. E exorta os gálatas a viverem as obras do Espírito e não as da carne.

Esta Carta é também um documento autobiográfico de São Paulo, além de ser um documento de alta espiritualidade.

A Carta aos Coríntios

Corinto ficava na Grécia, região chamada de Acaia, e no ano 27 a.C. César Augusto, Imperador romano, fez de Corinto a capital da província romana da Acaia. Foi nesta cidade portuária, rica e decadente na moral, que Paulo fundou uma forte comunidade cristã na sua segunda viagem. Aí encontrou o casal Átila e Priscila que muito o ajudou.

Paulo ficou um ano e seis meses em Corinto, até o ano 53. Na sua terceira viagem ele ficou três anos em Éfeso, também na

Grécia, e daí escreveu para os coríntios. A primeira Carta contém sérias repreensões dos pecados da comunidade: as divisões e a imoralidade.

Posteriormente dá respostas a questões propostas sobre o matrimônio, a virgindade, as carnes imoladas aos ídolos, as assembleias de oração, a ceia eucarística, os carismas, a ressurreição dos mortos, etc. É uma das Cartas mais amplas de São Paulo em termos de doutrina e disciplina na Igreja.

A segunda Carta é bem diferente da primeira, não é tanto doutrinária, mas trata das relações de Paulo com a comunidade, e desfaz inclusive, mal entendidos, e faz a sua defesa diante de acusações sérias que recebeu dos cristãos judaizantes. Nessa Carta Paulo mostra a sua alma, seus sofrimentos e angústias pelo reino de Cristo. Resume-se na frase: "É na fraqueza do homem que Deus manifesta toda a sua força" (2Cor 12,9).

A CARTA AOS ROMANOS

A Carta aos romanos é bem diferente das outras Cartas de São Paulo, pelo fato de ser uma comunidade cristã que não foi fundada por ele, o que foi feito por São Pedro. Esta Carta foi escrita no final da terceira viagem missionária de Paulo, em Corinto, por volta do ano 57-58 a fim de preparar a sua chegada a Roma.

É uma Carta onde temos o ponto mais elevado da elaboração teológica do apóstolo. Não trata de assuntos pessoais, mas da vida cristã, a justificação por Cristo que nos faz ser e viver como filhos de Deus e mostra a Lei de Moisés como algo provisório na história do povo de Deus.

O ponto alto da Carta é o capítulo 8, onde mostra que a vida do cristão é uma vida conforme o Espírito Santo, que habita em nós, nos leva à santificação, vencendo as obras da carne, levando-a à transfiguração no dia da ressurreição universal.

Tudo foi preparado por Deus Pai que nos fez filhos no Seu Filho, a fim de dar a Cristo muitos irmãos, coerdeiros da glória do Primogênito (8,14-18).

As Epístolas do Cativeiro

Essas Cartas são as escritas a Filêmon, aos Colossenses, aos Efésios e aos Filipenses. Cada uma delas apresenta Paulo, prisioneiro (Fm 1,9-13; Cl 4,3.10; Ef 3,1; 4,1; 6,20; Fl 1,7.13s). Trata-se do primeiro cativeiro em Roma (At 27,1-28). Paulo também esteve preso em Filipos (At 16,23-40); Jerusalém (At 21,31-23,31), em Cesareia (At 23,35-26,32); em Roma pela segunda vez (2Tm 1,8.12.16s; 2,9).

Carta a Filêmon

Quando Paulo estava preso em Roma pela primeira vez, entre os anos 61-63, foi procurado pelo escravo Onésimo, que fugira de seu patrão Filêmon em Colossos e procurou abrigo em Roma.

Pela legislação judaica o escravo fugitivo não devia ser devolvido ao dono (Dt 23,16), diferente da lei romana que protegia o patrão. Então, Paulo devolve Onésimo a Filêmon, cristão, e pede-lhe que pela caridade de Cristo, receba o escravo não mais como coisa, mas como um irmão. É a primeira declaração dos direitos humanos no Cristianismo.

Carta aos Filipenses

Filipos era uma grande cidade fundada por Filipe II, pai do Imperador macedônio, Alexandre Magno, e que o Imperador romano Augusto transformou em importante posto avançado de Roma (At 16,12). Durante suas viagens Paulo esteve três vezes em Filipos, e fez fortes laços de amizade com os cristãos.

A Carta aos filipenses é chamada "a Carta da alegria cristã", por repetir 24 vezes esta palavra, aos filipenses que sofriam perseguições, como ele na prisão. "Alegrai-vos sempre no Senhor. Repito, alegrai-vos!" (Fl 4,1). Nada pode tirar a alegria daquele que confia em Jesus.

Carta aos Colossenses

Colossos era notável centro comercial, que ficava na Frígia, na Ásia Menor, a 200 km de Éfeso, próxima de Laodiceia e Hierápolis. Paulo esteve por duas vezes na região da Frígia. O motivo da Carta são os pregadores de "doutrinas estranhas", provocando um sincretismo religioso, com elementos judaicos, cristão e pré-gnósticos. Paulo fala do primado absoluto de Jesus Cristo, numa linguagem que os gnósticos entendiam.

O ponto alto da Carta é o hino cristológico (1,15-20) que mostra Cristo como o primeiro e o último, o Senhor absoluto no plano da criação e da redenção.

Carta aos Efésios

Éfeso era a capital da Ásia romana, proconsular, famosa, onde se cultuava a deusa Artemis. Aí Paulo esteve durante três anos. A Carta não trata de assuntos pessoais, mas teológicos. É um pouco parecida com a Carta aos colossenses, a fim de combater os erros de doutrina que também ali começavam a surgir.

Paulo mostra a importância da Igreja para a realização da obra de Deus. É a eclesiologia de São Paulo: "Há um só corpo e um só Espírito, um só Senhor, uma só fé, um só Deus e Pai de todos". (Ef 4,4s). É de importância e beleza ímpar o prólogo da Carta (Ef 1,3-14), que apresenta um hino de ação de graças à Trindade.

As Epístolas Pastorais

As Cartas a Timóteo e Tito — São as Cartas que Paulo escreveu a Timóteo (duas) e uma a Tito. No final de sua vida, na última viagem ao Oriente, antes de ser preso e enviado a Roma pela segunda vez, por volta do ano 65, Paulo deixou Timóteo em Éfeso e Tito na ilha de Creta, no Mediterrâneo, como bispos.

A Carta é cheia de recomendações sobre o pastoreio das ovelhas, especialmente no combate às falsas doutrinas, além de dar as orientações sobre a organização da vida da Igreja, normas que até hoje são seguras para a indicação de diáconos, presbíteros e bispos. São Cartas de um valor imenso para a Igreja.

A Carta aos Hebreus

Até 50 anos atrás se dizia que esta Carta era de São Paulo, mas com os novos estudos, hoje já não se afirma o mesmo. Contudo, é uma Carta canônica, é Palavra de Deus. O grande escritor cristão de Alexandria, Orígenes (†234) admitia que Paulo fora o autor da Carta, mas não o redator, e assim explicava a diferença de estilo das demais Cartas do apóstolo.

Entretanto, o conteúdo da Carta é paulino. A Carta é dirigida aos hebreus convertidos ao Cristianismo, especialmente aos sacerdotes judeus convertidos, ameaçados pela perseguição que começava por volta do ano 64 com Nero. Talvez esses sacerdotes convertidos estivessem desanimados e tentados a voltar ao judaísmo.

O autor da Carta lhes escreve a fim de fortalecer-lhes a fé e a certeza na mensagem de Jesus Cristo. O objetivo da Carta é mostrar a primazia da Nova Aliança em Jesus Cristo sobre a Antiga Aliança. Aparece aí uma verdadeira cristologia que mostra Cristo como homem e Deus.

A Carta foi escrita por volta dos anos 64-66. Devemos lembrar que em 70 o general romano Pompeu destruiu o Templo de Jerusalém; e, a partir daí não haverá mais os cultos judaicos em Jerusalém como eram antes.

As Epístolas Católicas

As Epístolas ditas católicas, ou "universais", são sete: Tiago, 1 e 2 Pedro, 1,2 e 3 João, e Judas. São chamadas de católicas (universais) porque não eram dirigidas apenas a uma comunidade, como as de Paulo, mas a muitas comunidades da Ásia Menor.

A Carta de Tiago

Escrita pelo apóstolo Tiago, menor, filho de Alfeu, "irmão do Senhor", com quem Paulo se encontrou em Jerusalém. Não deve ser confundido com Tiago maior, irmão de São João, que foi martirizado no ano 44, antes desta Carta ter sido escrita. Tiago, autor da carta, se tornou famoso bispo de Jerusalém.

A Carta é dirigida "às doze tribos da dispersão" (1,1). Acredita-se que tenha sido escrita por volta do ano 50. Trata da importância das obras, que é a frutificação da fé. Desta Carta a Igreja compreendeu o sacramento da Unção dos Enfermos (5,14s).

As Cartas de João

Os destinatários são os fiéis oriundos do paganismo. A primeira Carta mostra que Jesus é o Messias, contra os falsos pregadores que negavam que a Redenção tinha acontecido pelo sangue de Cristo; era a influência do pré-gnosticismo, principalmente apresentadas por um tal Cerinto. Na mesma Carta aparece a excelência do amor cristão, como a mensagem fundamental do Evangelho.

Na segunda Carta de João, ele é chamado de "ancião", o que mostra a dignidade do autor, é o título que os discípulos lhe deram quando ele vivia em Éfeso. O assunto é o amor de Deus, o perigo dos "anticristos" já em ação, o amor à verdade, etc.

A terceira Carta foi escrita a um certo Gaio, não identificado e o louva pelas suas belas ações em favor da Igreja.

A primeira Carta de Pedro

Os destinatários da primeira Carta de São Pedro foram os cristãos da Ásia Menor (Ponto, Galácia, Capadócia, Bitínia, etc.), convertidos do paganismo. O objetivo era fortalecer a fé cristã nessas comunidades que sofriam perseguições e tribulações. Mostra a fecundidade do sofrimento, e a grandeza da imitação da Paixão do Senhor.

Fala da dignidade sacerdotal do povo cristão, da descida de Jesus à mansão dos mortos e sua Ascensão ao céu. Ensina-lhes a responder aos provocadores da fé com paciência e boa conduta. Pedro deve ter escrito em Roma nos anos 63-64.

As Epístolas de Judas e II Pedro

Judas é o "irmão de Tiago", primos de Jesus. Segundo a tradição escrita por Hegesipo, escritor judeu do século dois, ambos eram filhos de Cléofas, discípulo de Emaús (Lc 24). Judas escreve para cristãos oriundos do paganismo ameaçados por falsas doutrinas, o que era comum em toda a Ásia Menor, onde se negava a divindade de Jesus, injuriavam os anjos, zombavam das verdades pregadas pelos apóstolos e causavam divisões na comunidade.

É o pré-gnosticismo presente na Igreja. A Carta de Judas tem grande semelhança com a segunda carta de Pedro. Em ambas aparecem as mesmas expressões raras e as mesmas ideias, especialmente com relação aos falsos pregadores e falsas doutrinas. Por isso houve dúvidas sobre o verdadeiro autor de II Pedro, mas a tradição preferiu atribuir a Pedro esta Carta.

O LIVRO DO APOCALIPSE

O Apocalipse foi escrito pelo Apóstolo São João, já no final de sua vida, por volta do ano 100, sob a forma de uma carta escrita às Igrejas da Ásia menor, que viviam tempos difíceis de perseguição romana.

É um livro bastante enigmático e difícil de ser entendido, e que pode gerar muitos erros de interpretação – como já ocorreu muitas vezes na história da Igreja – se não observarmos com cuidado como a Igreja o interpreta.

O Imperador romano Domiciano (81-96) moveu forte perseguição aos cristãos, tendo deportado São João, que era o bispo de Éfeso, para a ilha de Patmos. Ao mesmo tempo os cristãos eram hostilizados pelo judeus e aguardavam a volta de Cristo, que não acontecia, para livrá-los de todos os males.

Foi neste contexto que o Apóstolo escreveu o Apocalipse para confortar e animar os cristãos das inúmeras comunidades que já surgiam na Ásia Menor.

Apocalipse, em grego *"apokálypsis"* (= revelação), era um gênero literário que se tornou usual entre os judeus após o exílio da Babilônia (587-535 a.C.), e descreve os fins dos tempos onde Deus vai julgar os homens. Essa intervenção de Deus abala a natureza (fenômenos cósmicos), com muita simbologia e números.

O Apocalipse não pretende dar uma descrição antecipada dos acontecimentos do futuro, mas de apresentar uma mesma realidade sob vários símbolos diferentes; e tudo é feito com uma linguagem intencionalmente figurada para despertar a atenção do leitor, que estava acostumado ao gênero apocalíptico usado pelos judeus.

Alguns símbolos tem significado preciso: o Cordeiro simboliza o Cristo; a mulher, a Igreja ou a Virgem Maria; o dragão, as forças hostis ao reino de Deus; as duas feras (cap.13), o Império Romano e o culto imperial; a fera (cap.17), simboliza Nero; Babilônia, a Roma pagã; as vestes brancas, a vitória; o número três e meio, coisa nefasta ou caduca. Mas esses símbolos não são exclusivos; o Cristo é, às vezes representado como "filho do homem" ou cavaleiro.

O Apocalipse é uma revelação sobrenatural, velada, sob símbolos, representando tanto o passado, quanto o presente da Igreja, e também o futuro. Se refere a um período indefinido que separa a Ascensão de Cristo de sua volta gloriosa. Deixa claro da impossibilidade de escapar à luta e ao sofrimento, às perseguições e ao fracasso aparente no plano terrestre, à realidade da salvação que lhe será concedida no meio de suas obrigações, e à vitória final, que é obra de Cristo ressuscitado que venceu o pecado e a morte.

A mensagem principal do livro é que Deus é o Senhor da História dos homens, e no final haverá a vitória dos justos, em que pese o sofrimento e a morte. Mostra a vida da Igreja na terra como uma contínua luta entre Cristo e Satanás, mas que no final haverá o triunfo definitivo do Reino de Cristo, triunfo que implica na ressurreição dos mortos e renovação da natureza material.

As calamidades que são apresentadas não devem ser interpretadas ao pé da letra. Deus sabe e saberá tirar de todos os sofrimentos da humanidade a vitória final do Bem sobre o Mal.

Textos difíceis do Apocalipse

Visto que alguns textos do Apocalipse são mais difíceis de serem interpretados, e são muitas vezes objetos de polêmica, queremos apresentar aqui a interpretação que mais se coaduna com o entendimento da Igreja.Para tal, usamos as explicações dadas por D. Estêvão Bettencourt, em sua revista *Pergunte e Responderemos* (CP: 2666, CEP: 20001-970; Rio de Janeiro), a quem agradecemos por poder fazer uso de suas páginas.

O número da Besta (Ap 13,18)

Aproveitando do simbolismo dos números dos antigos, São João designou o perseguidor dos cristãos (figurado como uma besta) dizendo que o nome desse homem tem o valor numérico de 666.

Para os antigos as letras tinham valor numérico, como por exemplo no alfabeto romano (I= 1; II= 2; V= 5; C= 100; D= 500; M= 1000...), e a soma dos números correspondentes a cada letra de um nome dava o valor numérico desse nome.

Qual é, então, para o autor sagrado do Apocalipse, o nome cujas letras somadas dão o total de 666?

Note-se que não se deve procurar tal nome entre os latinos ou na história posterior a São João, uma vez que os leitores do Apocalipse estavam na Ásia Menor, e ali se falava o grego e não o latim; e só conheciam os acontecimentos do seu passado e do seu presente. É para esses leitores que São João queria transmitir uma mensagem, na forma que pudessem compreender.

Portanto, não tem a menor base científica, a hostil e grosseira afirmação de alguns protestantes de que o nosso Papa é a besta do Apocalipse, ou que na sua tiara está escrito o número 666, já que aí está escrito *"Viccarius Filii Dei"* (= Vigário do Filho de Deus).

Antes de mais nada é preciso lembrar que nenhum Papa se intitulou de *"Vicarius Filii Dei"*, mas sim de *"Servo Servorum Dei"*. Em segundo lugar, é uma expressão em latim, enquanto o Apocalipse, como já vimos, foi escrito para pessoas que não sabiam esta língua.

Além do mais, o autor do Apocalipse fala do "número de um homem" (Ap 13,18). Ora, *"Vicarius Filii Dei"*, não é nome de um homem, mas sim um título.

Mais ainda, segundo o texto, esse homem de número 666, traz as seguintes características: "Foi lhe dado, também, a faculdade de proferir arrogâncias e blasfêmias [...] Abriu, pois, a boca em blasfêmias contra Deus, para blasfemar o seu nome, o seu tabernáculo e os habitantes do céu. Foi lhe dado, também, fazer guerra aos santos e vencê-los." (Ap 13,5s).

Será que alguém, em sã consciência, teria a coragem de acusar os Papas de alguma dessas aberrações: proferir arrogâncias, blasfemar contra Deus, contra o tabernáculo, ou contra os anjos e santos? Só uma mente doentia ou mal intencionada poderia chegar a este desatino. O Papa é exatamente uma figura oposta à Fera de número 666 descrita no Apocalipse. É o pregoeiro da paz em todo o mundo; é o dedicado servo de Deus.

Os estudiosos em exegese concluem que o 666 corresponde às letras da expressão César Nero (escrita em caracteres hebraicos, da direita para a esquerda):

NVRNRSQ
50 + 6 + 200 + 50 + 200 + 60 + 100 = 666

Caso se omita o *Nun* (N) final de Nero (n), dando-se a forma latina Nero ao nome, tem-se o total 666 − 50 = 616. Isto explicaria que alguns manuscritos do Apocalipse tenham 616 em vez de 666.

Nero na verdade foi o tipo do perseguidor dos cristãos; foi o primeiro Imperador romano a perseguir a Igreja desde o ano 64 d.C. E sua perseguição foi bárbara e cruel.

Se fugirmos das normas sóbrias e científicas, podemos concluir, erradamente, que muitas pessoas podem ser tidas como a besta do Apocalipse. Assim por exemplo, a França teve mais de 16 reis com o nome de Luiz, em latim Ludovicus. Se fizermos a correspondência desse nome com os números, encontraremos o total de 666. Senão vejamos:

LUDOVICUS
$50 + 5 + 500 + 5 + 1 + 100 + 5 = 666$

Em latim o U corresponde a V.

Então, seria o caso de se perguntar: qual o rei da França foi o 666, a besta do Apocalipse?

Da mesma forma, até mesmo a fundadora do Adventismo, Hellen Gould White, que viveu no século passado, poderia ser a besta do Apocalipse:

HELLEN GOULD WHITE
$L + L = 50 + 50 \mid V + L + D = 5 + 50 + 500 \mid V + V + I = 5 + 5 + 1$

Em latim o W vale como dois V.

É claro que todas essas interpretações são falsas, uma vez que os fiéis da Ásia Menor, não poderiam entendê-las.

O Reino Milenar de Cristo (Ap 20,1-15)

Este trecho do Apocalipse foi na antiguidade, e hoje também, entendido como se anunciasse um reino de Cristo, de paz e bonança, durante mil anos imediatamente antes do fim dos tempos, estando Satanás acorrentado. Este milênio de Cristo na terra seria inaugurado pela primeira ressurreição, reservada somente aos justos, aos quais seria dado viver em paz com Cristo. Terminado este milênio, Satanás seria solto para realizar o seu ataque final contra a Igreja, que seria a sua derrota definitiva. Então, aconteceria a segunda ressurreição para os demais homens, e o juízo final.

Esta teoria milenarista, entendida ao pé da letra, foi aceita por antigos escritores da Igreja (São Justino †165, Santo Irineu †202, Tertuliano † após 220, Lactâncio † após 317...), mas nunca foi confirmada pela Igreja.

Santo Agostinho (†430) propôs um novo modo de entender o texto, e este foi aceito pela Igreja. Santo Agostinho baseou-se em João (5,25-29) para a sua interpretação. O texto diz:

"Em verdade, em verdade vos digo, aquele que ouve a minha palavra [...] passou da morte para a vida. Em verdade, em verdade vos digo, que vem a hora, e já veio, em que os mortos ouvirão a voz do Filho de Deus e os que a ouvirem viverão [...] Não vos admireis disto, pois vem a hora em que ouvirão sua voz todos os que estão nos sepulcros. Os que praticaram o bem sairão para a ressurreição da vida; os que, porém, praticarem o mal, sairão para a ressurreição do juízo."

Nesse trecho o Senhor distingue duas ressurreições: uma, que se dá "agora" ("e já veio"), no tempo presente, quando ressoa a pregação da Boa-Nova; é espiritual, devida ao Batismo; equivale à passagem do pecado original para a vida da graça santificante. A outra é simplesmente futura e se dará no fim dos tempos, quando os corpos forem beneficiados pela vida nova, agora latente nas almas.

Por conseguinte, no Apocalipse a ressurreição primeira é a passagem da morte para a vida que se dá no Batismo de cada cristão, quando este começa a viver a vida sobrenatural ou a vida do céu em meio às lutas da terra. A segunda ressurreição é, sim, a ressurreição dos corpos, que se dará quando Cristo vier em sua glória para julgar todos os homens e pôr fim definitivo à história.

Mil anos em Apocalipse (cf. 20,1-10), designam a história da Igreja na medida em que é luta vitoriosa ("mil" é um símbolo de plenitude, de perfeição; "mil felicidades", na linguagem popular, são "todas as felicidades").

Pela redenção na Cruz, Cristo venceu o Príncipe deste mundo (cf. Jo 12,31), tornando-o semelhante a um cão acorrentado, que muito pode latir, mas que só pode morder a quem voluntariamente se lhe chegue perto (Santo Agostinho). É justamente esta a situação do maligno na época que vai da primeira à segunda vinda de Cristo ou no decurso da história do Cristianismo; por isto os três anos e meio que simbolizam o aspecto doloroso desses séculos (já estamos no final do vigésimo século), são equivalentes a mil anos, caso queiramos deter nossa atenção sobre o aspecto feliz, transcendente ou celeste da vida do cristão que peregrina sobre a terra; a graça santificante é a semente da glória do céu.

Assim se vê como seria contrário à mentalidade do autor sagrado tomar ao pé da letra os mil anos do capítulo 20 e admitir um reino milenar de Cristo visível na terra.

Conclusão

Infelizmente há muitos que querem interpretar a Bíblia "a seu modo", mesmo sem conhecer os gêneros literários, as línguas antigas, a história antiga, etc., e isto tem levado multidões a caminhar longe da verdade de Deus. Até "tarô bíblico" já se apresenta na TV, isto é, interpreta-se a Bíblia com o auxílio das cartas esotéricas do tarô...

Por tudo isso, e para que não acontecesse essas aberrações, e a Bíblia não ficasse sujeita à interpretação subjetiva de muitos, foi que Jesus deixou o Sagrado Magistério da Igreja: Pedro e os Apóstolos, hoje o Papa e os Bispos, sucessores dos Apóstolos, para interpretarem, sem erro, o que foi revelado sem erro.

Pelo que foi dito antes você pode entender melhor agora, o que disse Santo Agostinho:

"Eu não acreditaria no Evangelho, se a isto não me levasse a autoridade da Igreja." (Fund, 5,6).

Não é fácil muitas vezes interpretar a Bíblia; é claro que há passagens que devem ser lidas ao pé da letra, como a que diz: "Isto é o meu corpo que é dado por vós", mas muitos versículos são difíceis. O próprio São Pedro recriminava os não preparados que, já no seu tempo queriam interpretar as Escrituras a seu bel-prazer. É o que Pedro fala quando se refere às Cartas de São Paulo, que já naquele tempo eram consideradas partes da Escritura:

" [...] como também vosso irmão Paulo vos escreveu, segundo o dom de sabedoria que lhe foi dado. É o que ele faz em todas as suas cartas [...]. Nelas há algumas passagens difíceis de entender, cujo sentido os espíritos ignorantes ou pouco fortalecidos deturpam, para a sua própria ruína, como o fazem também com as demais Escrituras." (2Pd 3,15-16).

Este ensinamento tão claro de São Pedro mostra-nos que é uma temeridade cada um de nós interpretar a Bíblia a seu bel-prazer, sem obedecer ao Sagrado Magistério da Igreja, a garantia que Jesus nos deixou. Se, para o próprio São Pedro, que vivia ao lado de Paulo, que conhecia o hebraico, as Escrituras apresentavam "passagens difíceis de entender", ora, imagine então para nós, que estamos a 2000 anos dos Apóstolos!... Por isso, é preciso prudência e obediência àquilo que a Igreja ensina. Não sejamos "iluminados" mais do que a Igreja é; nenhum dos santos foram assim.

Os Manuscritos de Qumran

Os documentos mais importantes descobertos neste século, em relação a Sagrada Escritura, foram os pergaminhos de Qumran. Por causa da sua importância vamos apresentar aqui um resumo do seu histórico e das suas consequências até os dias de hoje. Usamos como referências os artigos da Revista *Pergunte e Responderemos*, nº 166 (1973); 331 (1989); 432 (1998), de autoria de D. Estêvão Bettencourt, a quem somos gratos. Outra referência é o livro *Os Homens de Qumram*, (Garcia Martinez, Ed. Vozes, 1996).

Qumran é um lugar inóspito situado no deserto de Judá, em Israel, à margem noroeste do Mar Morto. Em uma gruta deste lugar, um pastor beduíno que estava à procura de uma de suas ovelhas perdidas, descobriu, em fevereiro de 1947, dentro de uma gruta de difícil acesso, 7 vasos de argila, dos quais um continha três rolos de pergaminho.

Esse material acabou chegando às mãos de estudiosos de Israel e dos Estados Unidos da América, os quais reconheceram que se tratava de manuscritos bíblicos de alto valor, pois eram muito antigos.

Em 1949, tendo sido um pouco mais pacificada a região de Israel, o Prof. G. Lankester Harding, diretor do Departamento de Antiguidades da Jordânia e o P. Roland de Vaux O.P., Diretor da *Ecole Biblique* de Jerusalém, deram início a busca e fizeram escavações sistemáticas na região de Qumran.

Essas pesquisas duraram até 1958 e se estenderam por toda a região vizinha, abrangendo Murabbaát, Kirbet Mird, Ain Feskha, Massada. Ao todo descobriram-se onze grutas, onde estavam cerca de 900 manuscritos; somente 10 desses estão mais ou menos conservados; os demais são fragmentos de leitura ora mais, ora menos difícil. A confecção desses escritos vai do século II a.C. ao século I d.C.

Uma quarta parte desses documentos são livros ou fragmentos bíblicos. Todos os livros da Bíblia hebraica estão aí representados, exceto o de Ester. Há inclusive diversos manuscritos de um mesmo livro bíblico – que mostra que eram o textos mais valorizados e usados na região: Isaías, Deuteronômio, os Profetas Menores, os Salmos.

Alguns manuscritos de Qumran e da região próxima, são cópias de textos bíblicos muito próximas, cronologicamente dos seus originais (= autógrafos). Um manuscrito de Daniel encontrado em Qumran é apenas 100 anos posterior aos originais de Daniel, que a crítica afirma ser do ano 165 a.C. Também um manuscrito de Eclesiastes achado em Qumran dista do seu original apenas um século.

Para se avaliar a importância deste fato, é preciso dizer que até 1948, os mais antigos manuscritos que tínhamos da Bíblia hebraica, eram do século IX e X depois de Cristo; isto é, da nossa Idade Média. Então, os manuscritos de Qumran permitiram retroceder cerca de 1000 anos na história do texto de alguns livros da Bíblia. Verificou-se pela comparação dos manuscritos, que o texto geralmente usado nas traduções e edições da Bíblia em nossos dias é substancialmente o mesmo que se usava já cerca de 2000 anos atrás.

Além dos textos bíblicos, as grutas de Qumran continham dois outros tipos de documentos: 1) apócrifos, tais como estavam em uso no judaísmo do tempo de Cristo; 2) os escritos de uma comunidade judaica, que tinha sua Regra ou Manual de Disciplina e seus comentários da Sagrada Escritura, os quais revelavam uma mentalidade fortemente caracterizada por expectativas messiânicas.

As pesquisas e escavações nas grutas de Qumran terminaram em 1958, mas o mesmo não aconteceu em relação à posse e estudo dos documentos. Os beduínos foram os primeiros a entrar nas grutas e retirar os vasos e pergaminhos. Não se sabia se tudo o que os beduínos encontraram já tinha sido vendido aos arqueólogos e cientistas.

Em 1967 aconteceu um fato surpreendente, quando após a Guerra dos Seis Dias, entre Israel e os árabes, os israelitas anunciaram a aquisição de um manuscrito de 8,60 metros de comprimento, com um texto inédito, que se dispõe em 66 colunas. Esse manuscrito foi chamado de "Rolo do Templo", porque, entre outras coisas, descreve detalhadamente o Templo de Jerusalém.

Parece ter sido o último adquirido pelos estudiosos. Resta agora a difícil, cara e paciente tarefa de ler, decifrar e publicar o conteúdo da vasta biblioteca de Qumran. Estimam os estudiosos que este trabalho ainda levará mais de vinte anos.

Foi o Prof. Ygael Yadin, da Universidade Hebraica de Jerusalém que publicou a notícia sobre a descoberta do "Rolo do Templo". Antes de passar às mãos do Prof. Yadin, passou alguns anos em condições de má conservação, sem contar os dois mil anos que ficou na gruta de Qumran. Entretanto, tratado por processos técnicos avançados, pôde ser aberto de modo que o seu conteúdo é hoje legível aos estudiosos.

Foi vendê-los num antiquário de Belém. Um deles, conhecido como Kando, adquiriu uma parte dos rolos e em julho de

1947 vendeu ao metropolita Atanásio Y. Samuel, do mosteiro Sírio ortodoxo de São Marcos em Jerusalém, quatro dos sete manuscritos pelo preço de 24 libras esterlinas. Os três manuscritos restantes foram comprados em Kando no final de 1947 pelo professor Eleazar L. Sukenik da Universidade Hebraica de Jerusalém.

Os pesquisadores que foram tomando conhecimento desses pergaminhos, reconheceram a antiguidade e conteúdo bíblico ou religioso desses documentos, e viram estar diante de um precioso tesouro para a humanidade.

Esse fato levou beduínos e arqueólogos a aumentar a busca na região, sendo que os beduínos se adiantavam por conhecerem melhor a região. Dessa forma foi descoberta uma quantidade enorme de manuscritos, grandes e pequenos. Foram sendo adquiridos por quem os podia comprar, aumentando-se o seu preço cada vez mais. Em 1954 já eram vendidos a pelo valor de 250.000 doláres.

A fim de evitar a dispersão desse acervo tão importante, o Museu Rockefeller de Jerusalém convidou algumas instituições acadêmicas para contribuírem financeiramente para a edição dos manuscritos em troca de determinados direitos. Aceitaram participar as Universidades McGill do Canadá, de Manchester e de Heidelberg, a Biblioteca do Vaticano, o McCorckic Theological Seminary de Chicago, a Real Academia das Ciências dos Países-Baixos, a Escola Bíblica de Jerusalém, The All Soul's Church de Nova Iorque e a Universidade de Oxford.

A última gruta foi explorada em janeiro de 1966, sendo então a 11ª de Qumran (11Q).

Portanto, a partir de 1955 os cientistas já tinham diante de si um verdadeiro quebra cabeças com cerca de 40.000 manuscritos a serem identificados. Já passaram 45 anos e ainda a equipe internacional de 55 cientistas continua a estudar os documentos, sem chegar ao final dos estudos. A identificação do manuscrito é mais fácil quando se refere à bíblia, mas é muito difícil de ser identificado quando se trata de um escrito não conhecido antes.

A análise do DNA da pele da cabra ou ovelha de que foi feito o pergaminho, permite saber quais fragmentos de pele correspondem a um mesmo animal; desse modo é possível casar os pedaços com outros. Os fragmentos de uma mesma pele correspondem normalmente a um mesmo escrito, embora isto não seja sempre assim.

Há numerosas obras apócrifas, que não fazem parte da Bíblia. O livro de Henoc, dos Jubileus já nos eram conhecidos. Outras eram completamente desconhecidas. Interessante é uma série de composições que mostram o pensamento, as polêmicas, a interpretação bíblica, a prática religiosa, a organização social e a forma de vida de um grupo de judeus que vivia à parte do judaísmo oficial e diferente deste.

A edição dos manuscritos maiores e mais bem conservados começou em 1958. Foram publicados o texto quase completo do livro do profeta Isaías, um comentário do livro de Habacuque e uma coleção de normas que regulavam a vida da comunidade de monges que viviam em Qumran.

Os manuscritos pertenciam a esses monges que aí viviam em um mosteiro do qual se encontraram ruínas bem conservadas. Ao fugirem dos invasores romanos no ano 68 d.C., quando o general Tito tomou Jerusalém, esses monges esconderam sua preciosa biblioteca nas grutas da região, na esperança de achá-la de novo quando voltassem. O certo é que nunca mais voltaram.

O "Manuscrito do Templo"

A título de ilustração vamos conhecer um pouco um desses manuscritos de Qumran que já foram traduzidos e editados pelos estudiosos.

O prof. Yadin conta que esse manuscrito lhe chegou às mãos em 1967 sob a forma de um rolo de 5cm de diâmetro. Foi aberto cautelosamente por processos especializados, o que deu uma longa folha de 8,6 metros de comprimento e 0,1mm de espessura. As partes que não puderam ser abertas porque não se descolaram, foram fotografadas em infra-vermelho, ultra--violeta e raio X – o que possibilitou obter informações fiéis do conteúdo dessa partes.

O manuscrito foi copiado por um escriba hábil de Qumran, que usou o estilo chamado "herodiano", isto quer dizer que a data de origem do manuscrito pode ser situada entre 50 a.C. e 30 d.C. e pode se acreditar até que seja anterior a 50 a.C.

O conteúdo do texto aborda quatro temas:

1. prescrições religiosas referentes à pureza e à impureza rituais e outras coisas, onde o Pentateuco (a Lei de Moisés) é citado com numerosos acréscimos, omissões e variações interessantes;

2. sacrifícios e ofertas referentes às diversas festas do calendário judaico;

3. descrição minuciosa do Templo;

4. os estatutos do rei e do exército.

Quase a metade do manuscrito trata da descrição do Templo, por isso recebeu esse nome.

As Prescrições rituais

Um dos tópicos mais estranhos do manuscrito consiste em que o autor acredita que o texto respectivo é Lei do Senhor dirigida ao povo por meio de Moisés. Em consequência, todos os preceitos são apresentados como se o próprio Deus os formulasse, mesmo quando cita o Pentateuco, o autor troca a terceira pessoa do singular do texto tradicional pela primeira pessoa. Por exemplo, em Números (30,2) temos: "Se um homem fizer um voto diante do Eterno", no pergaminho está assim: "Se um homem fizer um voto diante de Mim".

O mesmo acontece em outros na redação de muitos preceitos complementares e que não são encontrados na Bíblia. Esses preceitos são polêmicos e sectários e não estão de acordo com o judaísmo oficial. Chegam a atitudes extremistas no tocante a todas as questões de pureza e impureza rituais. Por exemplo, uma mulher grávida cujo filho venha a morrer em seu seio, estava sujeita à seguinte legislação oficial dos rabinos *(Michná)*:

"Se o filho de uma mulher morrer no ventre de sua mãe... esta permanecerá pura até que a criança seja retirada".

O preceito correspondente do Manuscrito do Templo é o seguinte:

"Se uma mulher estiver grávida (literalmente: cheia) e seu filho morrer em seu ventre, ela será impura como um túmulo durante todos os dias em que a criança aí ficar."

Grande parte do rolo é dedicada a pormenores da celebração das festas e dos sacrifícios que nelas se devem oferecer. Além da Páscoa, Pentecostes, Tabernáculos, Expiação, o autor prescreve as festas do "vinho novo". Em alguns tópicos essa secção se afasta dos costumes do judaísmo tradicional.

O Templo

O autor do manuscrito, exprimindo o pensamento de Qumran, julgava que o templo existente em Jerusalém (construído após o exílio 587-538) não correspondia às ordens de Deus. Por isso, propõe em nome do próprio Deus ("Tu farás..., Tu construirás...") instruções minuciosas sobre a maneira de construir e ornamentar um novo Templo; nisto segue o estilo de Êxodo (25-30). Difere, porém, de todas as normas atinentes à construção do primeiro Templo, por obra de Salomão no século X a.C. e do segundo Templo, por obra de Zorobabel e Josué nos séculos VI/V a.C., afasta-se, pois, dos livros dos Reis I, das Crônicas, de Ezequiel e da Michná.

O autor parece querer transmitir o estatuto da construção do Templo, desaparecido, mas mencionado em 1Crônicas (28,11-19):

"Davi deu a Salomão, seu filho, os planos do pórtico e das construções [...] e disse: Tudo isto se encontra exposto num escrito da mão do Eterno."

OS ESTATUTOS DO REI E DO EXÉRCITO

A quarta parte do manuscrito do Templo começa com a citação de Deuterônomio (17,14):

"Quando tiveres entrado na terra que o Senhor teu Deus te há de dar e tiveres tomado posse dela e aí te estabeleceres, se então disseres: "Quero ter sobre mim um rei como o têm todos os povos que me rodeiam", porás sobre ti o rei que o Senhor teu Deus tiver escolhido."

Este texto bíblico serve para o autor falar de dois temas que lhe interessavam: o corpo de guardas do rei e os planos de mobilização das tropas a ser adotadas cada vez que a terra de Israel estivesse ameaçada de guerra de extermínio.

Quanto ao corpo de guardas, o Senhor manda, segundo o autor, que seja constituído de 12.000 soldados (mil de cada tribo de Israel). Sejam "homens verazes, tementes a Deus e que tenham ódio a benefícios injustos". A finalidade principal dos guardas do rei será a de proteger o rei e sua esposa "dia e noite" para que não caiam em mãos de gentios.

O manuscrito prescreve a pena de morte para todo homem que traia o povo de Israel ou dê informações ao inimigo. Em suma, o autor inspirou-se em Êxodo (18), mas fez seus acréscimos aos estatutos bíblicos, a fim de atender à política da época em que escrevia.

A mobilização das tropas de Israel é concebida segundo os diversos casos que possam ocorrer. Assim, por exemplo, se o rei percebe o perigo de um inimigo "que se queira apoderar de tudo o que pertence a Israel", deve mobilizar a décima parte da nação. Se o inimigo é numeroso, a quinta parte deve ser convocada, enquanto dois terços ficam no país para proteger as cidades e fronteiras deste, impedindo que "um bando de inimigos penetre no interior do país". Todavia se "a batalha for furiosa", o rei mobilizará a metade das suas forças e a outra metade ficará nas cidades para defendê-las.

Em resumo, o chamado *Manuscrito do Templo*, editado em 1967, mostra uma certa oposição dos homens de Qumran aos sacerdotes e mestres de Jerusalém, que eles achavam profanadores e traidores das tradições sagradas de Israel, já que, segundo os monges de Qumran, faziam concessões aos estrangeiros e gregos que queriam impor seus costumes e interesses ao povo de Israel.

A VIDA EM QUMRAN

A fim de conhecer um pouco como viviam os habitantes de Qumran, vamos apresentar algumas conclusões que os estudiosos tiraram até hoje dos manuscritos encontrados.

As escavações arqueológicas foram feitas na região de Qumran nos anos de 1951, 1953-1956 e 1958, trabalhando-se somente na época do inverno por causa do intenso calor nas outras épocas do ano. Essas escavações descobriram sinais de habitação humana na região, desde o século VII a.C.

Foi encontrado algo como uma fortaleza, com uma cisterna que parece ser a única deste tipo no lugar. Talvez seja uma construção do tempo do reinado de Ozias, rei da tribo de Judá (781-840 a.C.) como pode ser visto em 2Crônicas (26,10); o nome da fortaleza é talvez indicado por Josué (15,62): Ir-ham-melah, que quer dizer cidade do sal.

Essa fortaleza deve ter sido destruída quando caiu o reino de Judá, em 587 a.C., nas mãos dos babilônicos. No século II a.C., o lugar foi de novo povoado por um grupo de sacerdotes judeus e seus seguidores, que julgavam que a Cidade Santa de Jerusalém estava sendo profanada pela dinastia dos hasmoneus, descendentes dos Macabeus, que era simpática à cultura grega.

As primeiras construções devem estar entre os anos 130 120 a.C.; nota-se que grande valor era dado aos aquedutos e cisternas, já que a comunidade tinha que captar toda a água da chuva.

A vida deve ter se desenrolado calmamente em Qumran, num clima monástico de oração e de trabalho até o ano 31 a.C., quando um terremoto abalou a região, obrigando os monges a deixarem a região. O escritor judeu Flávio José († 100 d.C.), geógrafo romano, fala desse terremoto e as escavações encontraram vestígios de deslocamento de construções e incêndios que comprovam o fato.

De acordo com os exames das moedas encontradas no local, pode-se concluir que em torno do ano 4 a.C. os monges voltaram a esse lugar e reconstruíram o mosteiro.

Essa segunda fase da vida monástica em Qumran deve ter sido intensa, e deve ter terminado em junho de 68 d.C. quando as tropas da X Legião Romana, comandadas pelo general Tito, invadiram a Palestina e tomaram Jerusalém, passando antes pela região dos monges. Então esses, apressadamente, antes da fuga, esconderam a sua rica biblioteca nas onze grutas que foram encontradas em 1947.

Os monges não puderam voltar ao local, como certamente desejariam, porque as tropas romanas se estabeleceram na região até o final do século I d.C.

Um grupo de judeus rebeldes também se refugiou em Qumran durante outra insurreição contra os romanos que aconteceu em 132-135 d.C., na época do Imperador romano Adriano, que sufocou a rebelião. Após isto, a região de Qumran foi abandonada e ficou deserta até 1947.

Os estudiosos normalmente identificaram os monges de Qumran com os chamados essênios, de que falam os escritores Filão de Alexandria (†44 d.C.), Flávio José (†100 d.C.) e Plínio, o Ancião (†79 d.C.). Eis o que diz, por exemplo, Flávio José:

"À margem ocidental do Mar Morto, fora da alçada da influência nociva das suas águas, encontram-se os essênios. Povo solitário, o mais extraordinário povo que exista, sem mulheres, sem amor, sem dinheiro, vivendo em companhia das palmeiras... Assim, já há milhares de séculos (coisa incrível!), subsiste uma raça eterna em que ninguém nasce [...] Abaixo da mansão dos essênios, situava-se a cidade de Engadi, à qual só se pode preferir Jericó (próximo à Qumran) quanto à fertilidade e quanto às palmeiras." (Hist. Nat. V 17, 4).

Vejamos agora a notícia deixada por Filão de Alexandria:

"Moram juntos em comunidades fraternas [...] Há uma só caixa para todos, e as despesas são comuns; comuns são as vestes, e comuns os alimentos. Com efeito, adotaram o costumes das refeições em comum. Um tal recurso ao mesmo teto, ao mesmo gênero de vida e à mesma mesa, nós o procuraríamos em vão alhures." (*Quod omnis probus 85*)

Os habitantes de Qumran eram celibatários, com algumas exceções, já que nos cemitérios próximos do mosteiro foram encontrados cadáveres de mulheres e crianças.

Foram encontradas no mosteiro, duas salas de reuniões, uma das sessões do conselho, e a outra para as refeições; com esta, em um pequeno compartimento foram encontrados mais de mil peças de cerâmica (jarros, tigelas, pratos, copos...).

Foram também encontrados ossos de animais na região; isto indica que os habitantes de Qumran consumiam carne desses animais, provavelmente usados em cerimônias religiosas.

Descobriram-se também oficinas entre as ruínas do mosteiro: carpintaria, olaria com dois fornos, padaria... assim como um grande escritório com uma mesa de cinco metros de comprimento e dois tinteiros, onde eram copiados os numerosos manuscritos.

Havia também dispensas para guardar alimentos e instrumentos de trabalho. Ao sul de Qumran eles cultivavam a terra. Não se encontraram dormitórios nas ruínas de Qumran, o que leva a crer que os monges não dormiam no mosteiro, e talvez passavam a noite em tendas ou nas grutas da região.

Com base no número de túmulos encontrados, que devem ser de um período de dois séculos, consideram os estudiosos que no período de maior atividade em Qumran a comunidade de monges poderia ser de duzentas pessoas.

O dia de Qumran era dedicado ao trabalho manual e uma terça parte da noite (o serão) passavam em estudos de textos bíblicos e oração.

O sábado era rigorosamente observado, sem qualquer atividade que não fosse religiosa.

Os monges usavam uma veste sacerdotal branca e submetiam-se durante o dia a várias abluções e banhos rituais; para a mentalidade da época a pureza exterior devia exprimir e aumentar a pureza interior.

Quem quisesse entrar para comunidade deveria passar por um período de um ano, como se fosse o "postulantado" de hoje, e depois, mais dois anos de provações severas. Depois disso, havia a cerimônia da entrega das vestes brancas, a participação nos banhos rituais e, por fim, o acesso às refeições sagradas, o que tornava o candidato membro da comunidade com todos os direitos. Antes da admissão definitiva, o candidato se comprometia por juramento a "converter-se à lei de Moisés, segundo tudo o que ele prescreveu, com todo o coração e com toda a alma".

Todos os bens do candidato aceito eram então entregues ao superintendente da comunidade. Se ele não respeitasse as regras da comunidade era punido, com sanções que iam da exclusão temporária ou definitiva, ou mesmo a pena de morte.

A comunidade era distribuída em grupos de dez membros, cada um tinha à sua frente um sacerdote, filho de Sadoc.

O fundador desta comunidade era chamado de "o Mestre de Justiça"; que certamente foi alguém de grande valor moral e que marcou profundamente os seus seguidores. Não sabemos muito a seu respeito, mas sabemos que tinha um adversário, que era chamado de "Sacerdote Ímpio", que devia viver em Jerusalém e ali prestar o culto a Deus no Templo, com o costume grego ali introduzido.

Alguns estudiosos dos manuscritos afirmam que o Mestre de Justiça teria morrido mártir, mas outros acham que não. Parece certo que a comunidade aguardava o retorno desse Mestre na qualidade de Grão-Sacerdote dos tempos messiânicos.

QUMRAN E O NOVO TESTAMENTO

Os habitantes de Qumran viviam na expectativa da vinda do reino de Deus. E julgavam ser eles os únicos israelitas que não estavam contaminados, eram os filhos da luz em meio aos filhos das trevas, por isso se retiraram para o deserto, e não queriam contato com as pessoas das cidades. Eram, portanto, muito mais radicais que os fariseus.

Esses habitantes tinham concepções religiosas muito elevadas, amando os bens invisíveis, a vida depois da morte, e afastando-se do messianismo político que impregnava Israel. Os maus para eles não se identificavam apenas com os romanos e com os pagãos, mas também com os judeus representantes da religião oficial de Israel, que para eles viviam como os pagãos.

Entre os essênios e os cristãos, há portanto, pontos comuns e pontos divergentes:

1. A mentalidade dos essênios era diferente da mentalidade dos cristãos. Jesus não se retirou para o deserto com os seus discípulos para evitar contato com os "pecadores", ao contrário, Jesus, como sabemos ia atrás deles para salvá-los; "são os doentes que precisam do médico" (Mc 2,16; Lc 5,30).

Certamente Jesus, que escandalizava os fariseus, escandalizasse ainda mais os essênios, pois a sua Regra mandava: "odiar todos os filhos das trevas" (I 10). Cristo pregava o amor aos inimigos (Mt 5,44); vemos assim como Jesus estava muito à frente dos essênios.

Portanto, não só Jesus não é o tal "Mestre de Justiça", dos essênios, e muito menos um seu seguidor ou sucessor. Isto também desmente a tese de alguns de que dos doze aos trinta anos Jesus teria vivido entre os essênios, ou no monte Carmelo, iniciando-se no esoterismo.

2. O Mestre de Justiça aguardava o fim dos tempos e a vinda do Reino de Deus, por obra de dois Messias; por outro lado, Jesus tinha a plena convicção de que ele era o único Messias salvador: "Eu sou o Messias que te falo" (Jo 4,26), ele disse à samaritana de Sicar.

3. O Mestre de Justiça afirmava a sua distância em relação a Deus, confessando-se indigno pecador; ora, Jesus, ao contrário, não confessava em absoluto a consciência de pecado: "Quem de vós me acusará de pecado?" (Jo 8,46). Ele mesmo perdoava os pecados, para escândalo dos fariseus (cf. Mc 2,7).

4. Os essênios em geral carregavam vestígios de ocultismo e esoterismo, com a mentalidade de uma doutrina dada e reservada a poucos. Jesus, por outro lado, pregou publicamente, e mandou que os seus discípulos fossem pelo mundo todo, e anunciassem sobre os telhados... (cf. Mt 10,26; Jo 18,20).

Concluindo, podemos dizer que a comunidade de Qumran estava longe de ser uma comunidade cristã. A religião de Qumran é rigorosa observância da lei, e sabemos como São Paulo demonstrou, é impossível cumprir a lei. Os próprios essênios sabiam disso, daí as numerosas ablusões e banhos rituais. Disse Adolfo von Harnack: "Esses homens não saíam dos banhos sagrados". O Evangelho ao contrário, nos liberta do espírito legalista, trazendo a certeza do perdão adquirido em Jesus Cristo.

A comunidade de Qumran é digna de respeito, mas a realidade do Evangelho ultrapassa-a de longe.

Não sabemos se Jesus teve algum contato com os essênios, provavelmente esses rejeitavam Jesus, uma vez que Jesus vivia no meio dos publicanos e pecadores.

BIBLIOGRAFIA

Bettencourt, Estêvão D.; Diálogo Ecumênico, Ed. Lumen Christi, RJ, 3ª ed. 1989.

Catecismo da Igreja Católica. Editoras Vozes, Paulinas, Loyola, Ave-Maria, 5ª Ed. 1993.

Battistini, Francisco, A Igreja do Deus Vivo. Curso Bíblico Popular sobre a verdadeira Igreja. Magé, 1981 (4ª ed.).

Revista Pergunte e Responderemos, D. Estevão Bettencourt, Ed. Lumen Christi, CP 2666, RJ, cep 20001-970.

Lambiasi, F., Autenticidade Histórica dos Evangelhos, Ed. Paulinas, 1978.

Dicionário Bíblico — John L. Mckenzie — Ed. Paulus, 5ªed., 1984.

Messori, Vittorio, Hipóteses sobre Jesus, Ed. Paulinas, SP.

Escola Mater Ecclesiae, Escatologia; História da Igreja, Curso Bíblico, Ed. Lumen Christi, RJ.

Patfoort, Albert — O mistério do Deus Vivo, Ed. Lumen Christi, 1983.

Van Den Born, Dicionário Enciclopédico da Bíblia, Ed. Vozes, 1971.

Compêndio do Vaticano II, Constituições, Decretos e Declarações, Ed. Vozes, 1968.

Coleção "Fontes da Catequese" (10 Volumes), Ed. Vozes, 1973.

Arenhoevel, Diego — Assim se formou a Bíblia, Ed. Paulinas, SP.
Castanho, Amaury, Iniciação à Leitura Bíblica. Ed. Santuário Aparecida, SP.
Mundo da Bíblia, vários autores, Ed. Paulinas, SP.
Scharbert, Josef — Introdução à Sagrada Escritura, Ed. Vozes, Petrópolis, RJ.
Harrington, Wilfrid J. — Chave para a Bíblia, Ed. Paulinas, SP.
Ballarini, T. — Introdução à Bíblia, Vol IV, Ed. Vozes, Petrópolis, 1974.
Dattler, Fr. — Eu, Paulo, Ed. Vozes, 1976.
Bellinato, G. — Paulo, Cartas e Mensagens. Ed. Loyola, SP, 1979.
Läpple, A. — As origens da Bíblia, Ed. Vozes, Petrópolis, 1976.
Féret, A. — O Apocalípse de João, Ed. Paulinas, SP, 1968.
Lapple, A. — A Mensagem do Apocalipse para o nosso tempo, Ed. Paulinas, SP, 1971.
Grüen, W. — O tempo que se chama hoje, Ed. Paulinas, 1977.
Gomes, C.F. — Antologia dos Santos Padres, Ed. Paulinas, 3ªEd. 1985.
Studer B. , Feiner- Loehrer — *Misterium Salutis*, Ed. Vozes, 1985.
Altaner B. e Stuiber A. — Patrologia, Ed. Paulinas, SP, 1972.
Coleção Patrística, Ed. Paulus, (12 Volumes), 1996.
Rups D, (Coleção) História da Igreja, Ed. Quadrante, SP. 1999.
Fries, H. — Dicionário de Teologia, 4 Vols., Ed. Loyola, 1974.
Folch, C. G. — Riquezas da Mensagem Cristã, Ed. Lumen Christi.
Schmaus, M. — A Fé da Igreja, Ed. Vozes, Vol I,II, Petrópolis, RJ.
Trese, Leo J. , A Fé Explicada, Ed. Quadrante, SP.
Cerrutti, Pedro — A Caminho da Verdade Suprema, RJ, 1954.

Relação de livros publicados pela Editora Cléofas

São Luís de Montfort
Carta aos amigos da Cruz
O Segredo de Maria

Papa João Paulo II
A Igreja - *51 catequeses sobre a Igreja*
A Virgem Maria - *58 catequeses sobre Nosssa Senhora*

Prof. Felipe Aquino (org.)
A Nova Era - *Jesus Cristo, portador da Água Viva*
Ensinamentos dos Santos
Histórias para meditar
Na escola dos Santos Doutores
O Catecismo da Igreja responde de A a Z
Orações de todos os tempos da Igreja
Relação dos Santos e Beatos da Igreja
Sabedoria em Parábolas
Sabedoria em Gotas
Teologia da Libertação
No Coração da Igreja

Prof. Felipe Aquino
Sereis uma só carne
Em Busca da Perfeição
A Mulher do Apocalipse
"Sede Santos!..."
A Minha Igreja
Maranathá
Entrai pela porta estreita
Família "Santuário da Vida"
O que são as indulgências?
Os pecados e as virtudes capitais
Credo do povo de Deus
Namoro
Coleção Escola da Fé (*3 livros* - v.I - A Sagrada Tradição, v.II - A Sagrada Escritura e v.III - O Sagrado Magistério)
Os Anjos
Jovem, levanta-te!
Por que sou Católico?
Falsas Doutrinas - *seitas e religiões*
Sofrendo na fé
Para entender e celebrar a liturgia
Os Sete Sacramentos
Ciência e Fé em harmonia
Aborto? Nunca!
As sete palavras de Cristo na cruz

A Moral Católica
Só por ti Jesus
Educar pela conquista e pela Fé
O Segredo da Sagrada Eucaristia
O Purgatório - *o que a Igreja ensina*
Para ser feliz
A Intercessão e o Culto dos Santos
"Não vos conformeis com este mundo"
Uma história que não é contada
O Glorioso São José
Problemas no Namoro
Jesus sinal de contradição
O socorro de Deus - *Para as aflições da alma*
Para entender a Inquisição
Vida sexual no casamento
O socorro da Virgem Maria e as suas sete dores
Como fazer a vontade de Deus?
Os Dogmas da Fé - *A doutrina Católica*
Por que confessar? Como confessar?
Como preparar-se bem para comungar
O brilho da castidade
Problemas no casamento
Mulheres Sofridas
O Pecado Original
Histórias que o Vovô Conta
O cristão diante da morte
100 mensagens para a alma

Livros publicados em parceria
O Breviário da Confiança - *Mons. Ascânio Brandão*
Construir o homem e o mundo - *Michel Quoist*
Bem aventurados os que têm fome - *Richard Gräf*
Flores e plantas do Santo Sudário - *Avinoam Danim*
Imitação de Maria - *Anônimo*
Um pijama para dois - *Alfonso Basall e Teresa Díez*
Eucaristia, pão de via eterna - *Raffaelo Martinelli*
Católicos, voltem para casa - *Tom Peterson*
A guerra dos Cristeros - *Enrique Mendoza Delgado*
Jesus Cristo é Deus? - *José Antonio de Laburu*
Todos os caminhos levam a Roma - *Scott Kimberly Hahn*
O banquete do cordeiro - *Scott Hahn*
O combate espiritual - *Lorenzo Scupoli*
A alma do apostolado - *Dom J.B Chautard*
A divinização do sofrimento - *Adolphe Tonquerey*
A prática da humildade - *Gioachinno Pecci (Leão XIII)*

LOJA.CLEOFAS.COM.BR

Este livro foi composto em
Adobe Garamond Pro 12,5/13 e Dutch Mediaeval Pro 24
Impresso em papel Pólen Soft 70 g/m²

Impressão e Acabamento

Gráfica Viena

---

editora
CLÉOFAS

Editora Cléofas
www.cleofas.com.br